Sport und Spiel im Kindergarten

Aus Gründen der besseren Lesbarkeit haben wir uns entschlossen, durchgehend die weibliche Anredeform zu benutzen, die selbstverständlich die männliche mit einschließt.

Renate Zimmer

SPORT UND SPIEL
IM KINDERGARTEN

Meyer & Meyer Verlag

Papier aus nachweislich umweltverträglicher Forstwirtschaft.
Garantiert nicht aus abgeholzten Urwäldern!

Sport und Spiel im Kindergarten
Bibliografische Information der Deutschen Nationalbibliothek
Die Deutsche Nationalbibliothek verzeichnet diese Publikation in der
Deutschen Nationalbibliografie; detaillierte bibliografische Daten sind im Internet
über http://dnb.d-nb.de abrufbar.

Alle Rechte, insbesondere das Recht der Vervielfältigung und Verbreitung sowie das
Recht der Übersetzung, vorbehalten. Kein Teil des Werkes darf in irgendeiner Form –
durch Fotokopie, Mikrofilm oder ein anderes Verfahren – ohne schriftliche Genehmigung
des Verlages reproduziert oder unter Verwendung elektronischer Systeme verarbeitet,
gespeichert, vervielfältigt oder verbreitet werden.

© 1992 by Meyer & Meyer Verlag, Aachen
5. überarbeitete Auflage 2013
Auckland, Beirut, Budapest, Cairo, Cape Town, Dubai, Hägendorf,
Indianapolis, Maidenhead, Singapore, Sydney, Tehran, Wien
Member of the
World Sport Publishers' Association (WSPA)
Druck: B.O.S.S Druck und Medien GmbH
ISBN: 978-3-89899-731-7
E-Mail: verlag@m-m-sports.com
www.dersportverlag.de

Inhalt

Vorwort		8
1	Einleitung: Spiel und Bewegung – elementare Ausdrucksformen des Kindes	11
2	Didaktische Überlegungen zur Bewegungserziehung im Kindergarten	14
2.1	Was sollen Kinder durch Bewegung, Spiel und Sport lernen? – Ziele der Bewegungserziehung	15
2.2	Wie Bewegung Kindern vermittelt werden kann	23
2.3	Kriterien für die Auswahl der Inhalte	27
3	Anregungen zur Praxis der Bewegungserziehung	29
3.1	Allerlei Bälle	30
	Luftballons	32
	Luftballons und Tischtennisschläger	34
	Lufttüten	35
	Medizinbälle und Wasserbälle	36
	Kombination mit einem Tischtennisschläger	37
	Pezzibälle	37
	Tennisbälle und Softbälle	38
3.2	Seile und Schnüre	40
	Die „Zauberschnur"	44
	Ziehtau	46
3.3	Teppichfliesen und Matratzen	47
	Matratzen und Schaumstoffteile	49
3.4	Zeitungen und Tücher	51
	Tücher und Stoffreste	56
3.5	Reifen und Ringe	60
	Tennisringe	64
3.6	Spiele für zwei	65
3.7	Spiele für viele	69
	Fangspiele	70
	Reaktionsspiele	74
3.8	Wir machen Musik	76
	Körpereigene „Instrumente"	78
	Klanginstrumente und Geräuschmaterialien	80

3.9	Ruhe und Entspannung	83
3.10	Spiele im Wasser	90
	Bewegungsspiele im Wasser	92
4	**Zur Planung und praktischen Gestaltung von Bewegungsangeboten**	**95**
4.1	Offene Bewegungsangebote und geplante Übungsstunden	95
4.2	Planung und Offenheit – ein Gegensatz?	96
4.3	Aufbau und zeitliche Struktur	98
4.4	Beispiele für die Gestaltung von Bewegungsstunden	100

Literatur 111

Bildnachweis 112

Inhalt

Vorwort

Spiel und Sport – sind dies nicht Gegensätze? Ist Sport überhaupt schon etwas für kleine Kinder? Werden sie mit Sport nicht viel zu früh zum Wettbewerb angehalten, zur Leistung verführt – obwohl sie doch lieber spielen würden? Sollte der Sport überhaupt schon einen Platz im Kindergarten erhalten? Diese Fragen werden durch den Titel des Buches aufgeworfen.

Tatsächlich kann der Begriff *Sport* irreführend sein und Missverständnisse auslösen. Durch die Medien haben wir ein bestimmtes Bild vom Sport: Wir sehen ihn als Fußballspiel, als leichtathletische Disziplin, als Fitnesstraining oder Mannschaftssport. Meist ist er festgelegt auf bestimmte Bewegungsformen, auf bestimmte Orte, an denen Sport betrieben wird, auf Regeln, die eine Sportart bestimmen, auf den Wettkampf, die den Sport auszeichnet. In der Welt der Erwachsenen ist dieses Bild selbstverständlich, aber sollte es auch in der Welt der Kinder schon einen Platz haben? Spiel und Sport erscheinen auf den ersten Blick als gegensätzliche, einander fast ausschließende Bereiche: Das Spiel stellt die offenere, zweckfreie und gegenwartsbezogene Betätigung dar, Kinder spielen und entdecken dabei die Welt. Sport wird dagegen als festgelegtere, reglementierte, geschlossene Form des Sichbewegens verstanden.

Diese Unterscheidung gibt es aber nur aus der Sicht der Erwachsenen. Aus der Sicht von Kindern sind Bewegung, Spiel und Sport nicht voneinander zu

Vorwort

trennen, für sie ist das Tauchen im Wasser, das Kicken des Balls oder das Balancieren auf dem Baumstamm eine immens wichtige Sache, von der sie gefangen sind und der sie sich mit großer Anstrengung widmen – fast genauso, wie dies ein „richtiger" Sportler macht: Er setzt sich ein Ziel und versucht, dieses mit großer Ausdauer zu erreichen. Das tun auch Kinder – obwohl wir ihre Tätigkeit wohl eher als Spiel und weniger als Sport bezeichnen würden.

Mühelos machen sie sich auch die Welt des Sports zu eigen, wenn sie z. B. einen Ball, der gerade zuvor noch im Rollenspiel das Baby in einem Kinderwagen darstellte, auf ein aus Kisten und Brettern gezimmertes Tor kicken, wenn sie Mannschaften bilden und Tore zählen und dabei oft genug vor Begeisterung auch ins eigene Tor zielen.

Sport für Kinder muss – auch wenn dies auf den ersten Blick paradox erscheint – Spiel bleiben. Er sollte den Kindern die Möglichkeit geben, ihren Körper in möglichst vielfältiger Art lustvoll zu erleben. Die Kinder sollten Gelegenheiten haben, allein und gemeinsam mit anderen Kindern ihre dingliche und räumliche Umwelt über Bewegung kennenzulernen und dabei vielseitige Körper-, Bewegungs- und Sinneserfahrungen zu machen.

Bewegungsangebote sollten nicht auf bestimmte Sportarten ausgerichtet werden, auch wenn Kinder manchmal bereits Ideen und Bewegungsformen, die sie aus der Welt des Erwachsenensports übernommen haben, in ihr alltägliches Spiel einbringen.

Auch ist der Kindergarten nicht der Ort zum Erlernen sportspezifischer Fertigkeiten. Über eher spielerische, offene Bewegungsangebote wird die Basis für eine gesunde, harmonische Persönlichkeitsentwicklung gelegt, es werden aber auch die Voraussetzungen für ein in späteren Jahren darauf aufbauendes Sporttreiben geschaffen.

Deswegen bedeutet die Einbindung von Bewegung in die alltägliche Arbeit des Kindergartens auch nicht, Kinder zum Sport zu erziehen, sondern durch Sport und Spiel zur ganzheitlichen Erziehung und Bildung beizutragen.

Da es sich bei diesem Buch um die grundlegend überarbeitete Neuauflage eines im Kindergarten bereits sehr gut eingeführten Werkes handelt, wollten wir – die Autorin und der Verlag – den Titel nicht verändern. Das Anliegen, das mit dem Buch verfolgt wird, ist unabhängig von Begriffen und terminologischen Spitzfindigkeiten: Es soll Erzieherinnen und Erziehern, Übungsleiterinnen und Übungsleitern möglichst viele Anregungen geben, wie sie mit Kindern spielen, sich bewegen und auf eine lustvolle und kindgerechte Art Sport treiben können.

Sport und Spiel im Kindergarten

1 Einleitung: Spiel und Bewegung – elementare Ausdrucksformen des Kindes

Kinder bewegen sich – ausgelassen, lärmend, tobend, nicht immer zur Freude der Erwachsenen, aber immer zum eigenen Vergnügen. Für sie scheint es nichts Schöneres und Befriedigenderes zu geben, als zu rennen, zu spielen, zu klettern und zu springen. Nicht selten wird ihr unerschöpflicher Bewegungsdrang von den Erwachsenen als lästig empfunden. Was uns Erwachsenen zunächst nur als einfaches, nutzloses Spiel erscheint, ist für Kinder einerseits unmittelbarer Ausdruck ihrer Vitalität und Lebensfreude, darüber hinaus aber auch ein Anreiz zur Entwicklung und zum Lernen.

Die Entwicklung des Kindes ist ein ganzheitlicher Prozess, in dem die Bewegung eine ganz wichtige Bedeutung einnimmt. Durch Bewegung lernen sie sich selbst, ihre körperlichen Fähigkeiten, aber auch ihre Grenzen kennen. Sie erfahren den Raum, in dem sie sich bewegen und die Gesetzmäßigkeiten der Dinge, mit denen sie sich bewegen und die sie in Bewegung versetzen. Sie nehmen im Spiel und in der Bewegung Kontakt zu ihren Mitmenschen auf. Kinder erschließen sich ihre Welt durch Bewegung.

Kinder brauchen Bewegung,

- um sich gesund zu entwickeln,
- um sich körperlich und seelisch wohlzufühlen,
- um die eigenen körperlichen Fähigkeiten kennenzulernen und weiterzuentwickeln,
- um mit anderen Kontakt aufzunehmen und mit ihnen gemeinsam zu spielen
- um sich die Gegenstände und Spielobjekte, mit denen sie umgehen, aneignen zu können,
- um ihre Umwelt sinnlich wahrnehmen und begreifen zu können.

In keiner anderen Lebensstufe entwickelt sich der Mensch so rasch und lernt so viel dazu wie in der Kindheit. Kinder bringen Lernlust quasi mit auf die Welt. Sie sind neugierig und wollen alles erkunden, was in ihren Gesichtskreis kommt. Was auch immer ihnen begegnet – sie fangen an, es auszuprobieren, damit zu spielen. Spiel ist ein unersetzbarer Teil der kindlichen Entwicklung. Das Spiel vermittelt nicht austauschbare Grunderfahrungen, es stellt eine kindliche Grundtätigkeit dar.

Alles kann zum Spiel werden, die Umgebung wird spielend erkundet, Neues und Ungewohntes erforscht, Gegenstände in ihrer Bedeutung umfunktioniert.

Spielen heißt für Kinder auch, sich anzustrengen, etwas zu wagen. Der Ausgang des Spiels muss unsicher und offen sein, ansonsten geht die für das Spiel so wichtige Spannung verloren. Beim Versteckspiel sofort gefunden zu werden, macht ebenso wenig Spaß, wie in einem so sicheren Versteck zu sitzen, dass die Mitspieler einen nicht entdecken.

Freiwilligkeit und Lustbetontheit

Das Spiel ist gekennzeichnet durch Freiwilligkeit und Lustbetontheit, durch Zweckfreiheit und Gegenwartsbezug:

Spielen findet im Hier und Heute statt, es ist nicht mit einem in der Zukunft liegenden Ziel verbunden. Es hat seinen Zweck in sich selbst und wird weniger um einer äußeren Sache willen betrieben. Im Spiel werden Gegensätze erzeugt und wieder aufgehoben. So ist das Spiel gekennzeichnet durch gegensätzliche und umkehrbare Rollen: Suchen und Finden, Weglaufen und Fangen; grundsätzlich kann der Läufer zum Fänger, der Fänger wieder zum Läufer werden – wenn dies die Regel zulässt.

Für Kinder ist Spielen meistens mit Bewegung verbunden. Spiel und Bewegung sind immer auch ein Erproben der eigenen Kräfte. Das Kind übt seine Geschicklichkeit, es erlebt Erfolg und Misserfolg und macht so die Erfahrung des Selbst-Ursache-Seins. Indem es die Wirkung seiner Handlungen unmittelbar erfährt, erlebt es sie als selbst verursacht, Erfolg und Misserfolg können auf die eigene Person zurückgeführt werden. Je häufiger ein Kind die Erfahrung macht, dass seine Handlungen Veränderungen bewirken und Konsequenzen nach sich ziehen, umso eher wird es Vertrauen in sich selbst gewinnen und damit auch ein positives Bild von seiner eigenen Person aufbauen (Zimmer, 2012b).

Bewegungsarmer Alltag

Die Lebensbedingungen, unter denen Kinder heute aufwachsen, entsprechen im Allgemeinen nicht den Erfordernissen, die für eine ungestörte Entwicklung notwendig wären. Die zunehmende Motorisierung und Technisierung des Lebensalltags beeinträchtigt gerade Kinder in ihren Möglichkeiten, ihren Körper und all ihre Sinne bei der Aneignung ihrer Umwelt einzusetzen. Deshalb ist es heute besonders wichtig, dass Eltern, Erzieherinnen und Lehrerinnen sich der Einschränkungen bewusst werden, die infolge der Veränderung der alltäglichen Lebenswelt die Entwicklung der Kinder beeinflussen. Diese Einflüsse wirken sich nicht nur auf die körperliche und motorische Entwicklung der Kinder aus, sondern auch auf ihre geistige und sozial-emotionale Entwicklung. Ein Kind, das nur wenig Gelegenheiten hat, seinen Körper und seine Sinne in der Aneignung der Welt einzusetzen und damit wichtige Erfahrungen über sich selbst, über seine Umwelt und seine Mitmenschen zu machen, wird auch seine Handlungsfähigkeit und Lernmöglichkeiten nicht voll entfalten können.

Öffentliche Erziehungsinstitutionen wie Kindergärten und Schulen tragen unter diesen Voraussetzungen eine besondere Verantwortung. Sie können und müssen die in der Natur und im öffentlichen Raum verloren gegangenen Bewegungsräume kompensieren und durch kindgerechte, vielseitige Bewegungsangebote einen Ausgleich für die Bewegungseinschränkungen im Alltag schaffen. Dabei sollten Kinder täglich Gelegenheit haben, ihren Körper zu erfahren und zu erproben. Bewegung wird damit zum Querschnittthema im pädagogischen Alltag des Kindergartens (Zimmer, 2011a).

2 Didaktische Überlegungen zur Bewegungserziehung im Kindergarten

Sollen Vierjährige bereits schwimmen lernen oder ist es sinnvoller, mit ihnen einfach im Wasser zu spielen, sie planschen und baden zu lassen und sich noch wenig um ihre Schwimmfertigkeiten zu kümmern? Und wenn ein Fünfjähriger im Kindergarten unbedingt Fußball spielen will, wenn er jeden Gymnastik-, Tennis- und Schaumstoffball mit dem Fuß auf ein imaginäres Tor befördert und von der Erzieherin verlangt, dass „jetzt doch endlich einmal richtig Sport gemacht" und daher auch Fußball gespielt werden sollte – soll die Erzieherin diesem Wunsch nachgeben?

Die Entscheidung, welche Inhalte im Rahmen der Bewegungserziehung im Kindergarten berücksichtigt werden sollen, ist abhängig von den Zielen, die die Erzieherin als wichtig erachtet. Diesen Zielen wird auch die Art und Weise der Vermittlung der ausgewählten Inhalte entsprechen: Hat die Pädagogin sich entschieden, dass das Schwimmenlernen ein wesentliches Ziel der Bewegungsförderung darstellt, dann wird das Baden und Planschen im Wasser in erster Linie den Wert von Wassergewöhnungsübungen haben; die Vertrautheit mit dem Wasser ist Voraussetzung für die möglichst schnell zu erlernende Schwimmtechnik.

Einen eigenständigen Wert werden diese „Vorübungen" erst dann erhalten, wenn das Spiel im Wasser als Gelegenheit betrachtet wird, Kindern materiale Erfahrungen und elementare Körpererfahrungen zu vermitteln, indem sie z. B. die Tragfähigkeit des Wassers oder den Widerstand bei schnellen Bewegungen erleben.

Im Kindergarten gibt es keine Vorschriften über die Auswahl der Inhalte der Bewegungserziehung. Die Erzieherin hat also einen großen Spielraum in ihrer Entscheidung, was sie Kindern vermitteln will. Anhaltspunkte sind vor allem allgemeine pädagogische Grundsätze, die für den Kindergarten Geltung haben und denen sich auch alle spezifischeren Inhalte unterordnen müssen.

Im Folgenden soll daher die Frage der

- **Auswahl der Inhalte** für die Bewegungserziehung im Kindergarten vor allem im Zusammenhang mit den

- **Zielen frühkindlicher Erziehung und Bildung** diskutiert werden. Diesen Zielen müssen dann auch die

- **Methoden der Vermittlung** der Spiel- und Bewegungsangebote entsprechen.

Didaktische Überlegungen

2.1 Was sollen Kinder durch Bewegung, Spiel und Sport lernen? – Ziele der Bewegungserziehung

Kinder bewegen sich – auch wenn damit nicht ausdrücklich pädagogische Zielvorstellungen verbunden sind. Sie bewegen sich aus Lust an der körperlichen Aktivität, aus Freude am unmittelbaren Tun. Je jünger Kinder sind, umso mehr ist ihr alltägliches Spiel ein Bewegungsspiel.

Im Kindergarten erfahren Kinder meistens zum ersten Mal eine pädagogisch angeleitete Bewegungserziehung. Waren ihre Bewegungsspiele im Alltag bisher aus der Lust an der unmittelbaren Tätigkeit geboren, so wird Bewegung hier mit erzieherischen Ansprüchen verknüpft. Pädagogisch erstrebenswerte Ziele werden als „was sein soll" formuliert. Sie geben einen Orientierungsrahmen für das erzieherische Handeln und machen Aussagen darüber, welche konkreten Absichten mit den jeweiligen inhaltlichen Schwerpunkten angestrebt werden. Diese Ziele können auf unterschiedlichen Ebenen liegen und sich auf mehr allgemein-pädagogische oder stärker fachspezifische Bereiche beziehen. Ihre pädagogische Relevanz erhalten Spiel und Sport vor allem dadurch, dass sie die **kindliche Handlungsfähigkeit** unterstützen und einen wesentlichen Beitrag zur Förderung der ganzheitlichen Entwicklung von Kindern leisten.

Zu den allgemeinpädagogischen fachübergreifenden Zielen, deren Realisierung durch Bewegung unterstützt werden kann, gehören z. B.:

- die Befähigung des Kindes zum selbstständigen Handeln (z. B. sich gemeinsam in der Gruppe auf ein Spiel einigen, Konflikte selbstständig zu lösen versuchen);
- der Aufbau von Selbstbewusstsein und Eigenverantwortung (z. B. die eigenen Wünsche äußern können, bei Misserfolg nicht gleich aufgeben);
- die Fähigkeit zu Kommunikation und sozialem Handeln (andere beim Spielen mitmachen lassen, Rücksicht auf schwächere Kinder nehmen);
- die Förderung von Lernbereitschaft, Ausdauer und Konzentration (sich auch mit unbekannten Aufgaben auseinandersetzen, längere Zeit bei einem Spiel verweilen können);
- die Entwicklung der schöpferischen und kreativen Kräfte des Kindes (z. B. eigene Ideen entwickeln, Spielsituationen nach eigenen Vorstellungen gestalten).

Diese übergeordneten Erziehungsziele sind meistens recht allgemein formuliert und scheinen auf den ersten Blick eher einen unverbindlichen Charakter zu besitzen. Tatsächlich müssen sich jedoch auch spezifischere Zielvorstellungen den übergreifenden unterordnen. Sie sollten ihnen nicht zuwiderlaufen und sich an den pädagogischen Leitideen orientieren. Demnach ist es Ziel und Aufgabe der Bewegungserziehung im Kindergarten,

- dem Bewegungsdrang der Kinder entgegenzukommen und ihr Bewegungsbedürfnis durch kindgerechte Spiel- und Bewegungsangebote zu befriedigen,
- Kindern Möglichkeiten zu geben, ihren Körper und sich selbst kennenzulernen,
- zur Auseinandersetzung mit der räumlichen und dinglichen Umwelt herauszufordern,
- motorische Fähigkeiten und Fertigkeiten zu erweitern und zu verbessern,
- das gemeinsame Spiel von leistungsschwächeren und leistungsstärkeren Kindern zu ermöglichen,
- Gelegenheit zur ganzheitlichen, körperlich-sinnlichen Aneignung der Welt zu geben,
- zur Erhaltung der Bewegungsfreude, der Neugierde und der Bereitschaft zur Aktivität beizutragen,
- Vertrauen in die eigenen motorischen Fähigkeiten zu geben und zu einer realistischen Selbsteinschätzung beizutragen.

Bewegungsangebote im Kindergarten sollten Situationen vermeiden, in denen es um Konkurrenz oder Wettkampf oder um das Erbringen von messbaren Leistungen geht. Ebenso wenig sollten sich die Bewegungsangebote an Sportarten orientieren oder als Hinführung zu bestimmten Sportformen aufgefasst werden. Im Vordergrund frühkindlicher Bewegungserziehung sollten vielmehr spielbetonte und kindgerechte Bewegungsangebote stehen, die vielseitige, breit angelegte Bewegungserfahrungen ermöglichen und dem kindlichen Explorationsbedürfnis und Aktivitätsdrang entgegenkommen.

Didaktische Überlegungen

Wettbewerbsspiele – sich miteinander messen

Wenn Kinder miteinander spielen, kann man immer wieder beobachten, dass sie schneller, besser, stärker als die anderen sein wollen, dass sie ein Spiel gewinnen, die meisten Bälle ins Ziel treffen oder am schnellsten laufen wollen. Erwachsene legen dies oft als „ganz natürliches Verhalten" aus: „Kinder suchen eben von sich aus den Wettstreit mit anderen, warum sollte man dies nicht auch bei Bewegungsspielen aufnehmen, das ist doch auch viel spannender und feuert die Kinder an."

Wahrscheinlich ist die Frage nicht zu beantworten, ob der Wetteifer „im Kind drinsteckt" oder ob er durch das Vorbild oder die Erwartungen der Erwachsenen auf das Kind übertragen wird. Schon früh erleben Kinder bereits im Alltag Aufforderungen wie: „Wer hat sich zuerst angezogen? Wer ist zuerst mit dem Essen fertig? Wer hat am schnellsten sein Spielzeug aufgeräumt?" Wir Erwachsenen benutzen solche Aufforderungen meist, um das Verhalten der Kinder in unserem Sinne zu reglementieren, sie damit zur Eile anzutreiben und möglichst wenig Widerstand zu erhalten.

Die Erzieherin sollte durch die Art der Bewegungsspiele den Wetteifer der Kinder nicht noch unterstützen, der Spaß an der Bewegung ist wichtiger als die Hoffnung, Erster zu sein und Freude sollte auch denjenigen erhalten bleiben, die wohl nie die Gelegenheit haben werden, bei einem Bewegungsspiel zu siegen. Sowohl durch die Auswahl der Spiele als auch durch ihre verbale Reaktion auf spontan entstehende Wettspiele („Kai war der Schnellste, aber Lukas und Tobias waren auch ganz schön schnell") kann die Erzieherin dazu beitragen, dass Konkurrenzsituationen an Bedeutung verlieren und damit auch die Chance für das Gelingen kooperativer Spiele größer wird.

So sollten z. B. Staffeln vermieden werden, bei denen zwei Kinder gleichzeitig loslaufen und sich dann fast automatisch in ihren Leistungen messen; ebenso verzichtet werden sollte auf Spiele, bei denen Kinder ausscheiden müssen, denn hier sitzen meistens diejenigen Kinder, die das Üben eigentlich am nötigsten hätten, als Erste auf der Bank.

Didaktische Überlegungen

Auch wenn Wetteifer und Konkurrenz in der frühkindlichen Erziehung nicht stimuliert und durch Wettspiele provoziert werden sollten, ist ihr Auftreten nicht ganz zu vermeiden. Daher sollten solche Situationen als willkommene Gelegenheit betrachtet werden, mit den Kindern über die Bedeutung individueller Leistung zu sprechen, über die Chancen, die in der Vielfalt liegen. In einem Spiel zu gewinnen oder zu verlieren, macht das Spiel spannend, auf die Dauer sollten die Chancen jedoch gleich verteilt sein, sonst hat nur der Gewinner, weniger der Verlierer Spaß am Spiel. Viele Spiele können so umgewandelt werden, dass sie auch ohne den Vergleich der Kinder untereinander interessante Herausforderungen bilden.

Die Erzieherin braucht viel pädagogisches Einfühlungsvermögen, um die Kinder darin zu unterstützen, dass sie ihr Selbstwertgefühl nicht vom Erfolg in einem Spiel abhängig machen und dass sie darüber hinaus Niederlagen verarbeiten und mit einem Sieg umgehen lernen.

Inhalte der Bewegungserziehung

Welche Bewegungsangebote eignen sich für Kinder im Kindergartenalter?

Wie oben beschrieben wurde, verfolgt Bewegungserziehung das Ziel, Kinder zu befähigen, sich über Bewegung

- mit ihrem Körper und ihrer Person,
- mit ihren Mitmenschen,
- mit den räumlichen und materialen Gegebenheiten ihrer Umwelt auseinanderzusetzen.

Diesen Zielen müssen auch die Inhalte der Bewegungserziehung entsprechen.

Die Inhalte der Bewegungserziehung sollten so gewählt werden, dass Kinder

- eine Vorstellung von ihrem eigenen Körper entwickeln können (Kenntnis der Körperteile, der Lage des Körpers im Raum etc.),
- körperliche Zustände, wie Ermüdung oder Erschöpfung, erleben,

- die eigenen körperlichen Grenzen erfahren (z. B. Kraft, Ausdauer),
- die Wirkung von Anspannung und Entspannung erleben,
- erkennen, dass durch Üben und Erproben die körperlichen Fähigkeiten verbessert werden können,
- in möglichst allen Wahrnehmungsbereichen Erfahrungen sammeln,
- Rücksicht auf andere nehmen und ihre Bedürfnisse im gemeinsamen Spiel beachten,
- Regeln für das gemeinsame Spielen aufstellen und sie anerkennen,
- die spezifischen Eigenschaften von Materialien und Objekten in Bewegung erkunden,
- sich den Geräten, an und mit denen sie sich bewegen, anpassen können,
- die Spiel- und Bewegungsgeräte den eigenen Vorstellungen entsprechend „passend" machen können.

Grundformen der Bewegung

Zu den Inhalten der Bewegungserziehung zählen vor allem Spiele, die die Grundformen der Bewegung, wie z. B. das Gehen, Laufen, Hüpfen, Springen, Krabbeln, Kriechen, Klettern, Steigen, Rutschen, Rollen, Ziehen, Schieben, Werfen, Schaukeln und Schwingen, ansprechen und üben. Sie stellen die Grundlagen in der Auseinandersetzung des Kindes mit seiner Umwelt dar und bilden die Basis für die Entwicklung sportlicher Fertigkeiten.

Koordinative Fähigkeiten

Eine wesentliche Bedeutung in der Bewegungsentwicklung von Kindern nehmen auch die koordinativen Fähigkeiten ein. Unter **Koordination** wird die Fähigkeit zur Steuerung und Anpassung einer Bewegung verstanden.

Zu den koordinativen Fähigkeiten gehören u. a.
- die Gleichgewichtsfähigkeit,
- die Reaktionsfähigkeit,
- die Steuerungsfähigkeit,
- die räumliche Orientierungsfähigkeit.

Bei einem Fangspiel z. B. die weglaufenden Mitspieler erreichen oder dem Fänger ausweichen, eine Treppe mit vielen Stufen hochsteigen und wieder herunterspringen, auf einer Mauer oder einer Bordsteinkante balancieren, beim Seilspringen den richtigen Rhythmus finden –, um diese Aufgaben zu bewältigen, müssen Kinder ihre Bewegungen gut koordinieren, ihr Bewegungstempo steuern, ihre Balance ausgleichen können, sich im Raum orientieren können.

Diese koordinativen Fähigkeiten sind die Voraussetzung für jede motorische Leistung. Sie reifen nicht von alleine und ohne Zutun heran, sondern entwickeln sich vor allem durch ihre Beanspruchung, indem sie bereits im Kindesalter durch vielfältige Bewegungsspielformen geübt und herausgefordert werden.

Didaktische Überlegungen

Die Verbesserung und Verfeinerung der koordinativen Fähigkeiten steht im Vordergrund frühkindlicher Bewegungserziehung. Dies erfolgt jedoch nicht in Form spezifischer Übungs- und Trainingsprogramme, sondern das Kind übt seine Koordinationsfähigkeit in der spielerischen Auseinandersetzung mit Geräten, mit Spielpartnern und Spielsituationen. Variationsreiche, vielseitige Bewegungsangebote stellen hier die beste Voraussetzung für die Verbesserung der motorischen Fähigkeiten dar.

Um die Vielzahl der Bewegungsgrundformen und der damit verbundenen Bewegungsmöglichkeiten zu ordnen, kann man sie unterscheiden in:

- Bewegungen, anhand derer eine Ortsveränderung oder eine Lageveränderung des Körpers erreicht wird (sich bewegen und fortbewegen). Hierzu gehören das Gehen, Laufen, Springen, Steigen, Kriechen, Krabbeln, Robben, Gleiten, Rollen, Wälzen.
- Bewegungen, mit denen Geräte und Gegenstände befördert oder in Bewegung versetzt werden (etwas fortbewegen): das Ziehen, Schieben, Tragen, Werfen, Stoßen, Schlagen, Heben, Drücken, Rollen.
- Bewegungen, bei denen sich das Kind meist feststehenden Geräten anpasst und sich an ihnen bewegt; z. B.: das Hängen, Stützen, Schwingen, Drehen, Schaukeln, Springen, Balancieren.
- Bewegungen, bei denen sich das Kind mithilfe von Geräten bewegt, z. B. Radfahren, Rollerfahren, Rollschuhlaufen, (vgl. Zimmer, 2011).

Diese grobe Unterscheidung in „sich bewegen, Geräte bewegen, sich an Geräten bewegen, sich mithilfe von Geräten bewegen" kann eine Hilfe darstellen, die fast unüberschaubare Vielfalt der kindlichen Bewegungsaktivitäten zu ordnen. Eine solche Systematisierung sollte die Erzieherin zwar nicht dazu verleiten, die Inhalte der Bewegungserziehung nun diesem „Katalog" zu entnehmen, die Systematik kann jedoch manchmal Hinweise geben, wie eine Bewegungsidee unter verschiedenen Handlungsbedingungen variiert werden kann.

Am „Spiel mit dem Gleichgewicht" soll dies verdeutlicht werden:

Gleichgewichtssituationen:

- Auf einem Bein zu balancieren versuchen, aus dem Laufen plötzlich stehen bleiben (Spiele wie „Versteinern" oder „Verzaubern"). Die Unterstützungsfläche des Körpers verkleinern (auf den Zehenspitzen stehen, dabei ein Bein vom Boden abheben, – wann fällt man um?). Wann gelingt die Erhaltung des Gleichgewichts besser: Wenn beim Balancieren über eine Bank die Hände in der Hosentasche stecken oder wenn die Arme zur Seite ausgebreitet werden?
- Geräte auf dem Körper balancieren (z. B. einen Bierdeckel auf dem Kopf oder auf den Fingerspitzen tragen, einen Luftballon auf verschiedenen Körperteilen balancieren).
- Balancieren auf etwas (über eine Bank gehen, auf einem Wackelbrett stehen), die Unterstützungsfläche durch die Art der Geräte verändern, „Balancieren mit etwas auf etwas".
- Sich mit bzw. auf Geräten fortbewegen (Pedalo, Rollschuhe etc.).

2.2 Wie Bewegung Kindern vermittelt werden kann

Kinder besitzen viele Eigenschaften, die sie zu Experten für selbstgesteuertes Lernen machen: Sie sind neugierig, aktiv und fantasievoll, lernen gern Neues und sind unermüdlich in ihrer Wissbegierde, wenn eine Sache sie interessiert. Daraus zu schließen, dass man sie einfach sich selbst überlassen sollte und die Erfahrungen und Erlebnisse sich dann schon von selbst einstellen würden, wäre jedoch falsch. Auch ohne Anwesenheit der Erwachsenen machen Kinder im freien Spiel viele Lernerfahrungen; ist die Erzieherin jedoch am Spielgeschehen beteiligt und nimmt sie auch nur als Aufsicht daran teil, dann nehmen Kinder sie als wichtiges Lernmodell wahr, an deren Verhalten sie sich orientieren, bei der sie Beachtung und Anerkennung suchen. Kinder sehen den Erwachsenen meistens als Experten, sie wollen von ihm Hilfe und Unterstützung und erwarten auch, dass er bei Konflikten einschreitet.

Bereits die Art und Weise, wie die Erzieherin sich selbst in Bewegungssituationen verhält, hat Auswirkungen auf das Verhalten der Kinder und auf das, was sie lernen und erfahren. So unterbricht jede Anleitung und jede Korrektur die selbstständige Aneignung von Bewegungserfahrungen. Der Prozess der selbsttätigen Auseinandersetzung mit einem Bewegungsproblem wird unterbrochen, wenn die Erzieherin zu früh eingreift, dem Kind helfen will oder ihm den Lernprozess erleichtern will.

Bewegungssituationen enthalten oft Problemstellungen, die das Kind zum Auffinden verschiedener Lösungsformen auffordern. Hier sind oft nur wenige Impulse durch die Erzieherin erforderlich, um dem Kind z. B. verschiedene Verwendungsmöglichkeiten von Geräten und Spielobjekten aufzuzeigen.

Anregungen und Herausforderungen zu Bewegung, Spiel und Sport können z. B. ausgehen von

- einem fantasieanregenden, reichhaltigen Angebot an Geräten, durch das die Eigenaktivität und die Kreativität der Kinder angesprochen werden;

- einer bewegungsfreundlichen Raumgestaltung, die die Voraussetzungen dafür schafft, dass Bewegung nicht nur zu feststehenden Zeiten und in einem speziellen Bewegungsraum stattfindet, sondern in das tägliche Spiel integriert werden kann;

Didaktische Überlegungen

> - Erzieherinnen, die die Spielumwelt so arrangieren, dass Kinder in einer fröhlichen Atmosphäre zum Erkunden und Erproben der eigenen Fähigkeiten herausgefordert werden;
>
> - Erzieherinnen, die sich selbst auch als Lernmodell für Kinder begreifen und daher bei Bewegungsspielen nicht nur Organisatoren, sondern vor allem auch Mitspieler sind.

Im Kindergarten geht es nicht darum, einzelne Bewegungsformen zu üben oder eine Abfolge von Übungen zu absolvieren. Vielmehr gilt es, Bewegungsgelegenheiten bereitzustellen, die dem Bedürfnis der Kinder nach selbstständigem Entdecken und selbsttätigem Aneignen entgegenkommen. Hier sollten sie sich möglichst selbstbestimmt und frei bewegen können und nicht durch Anweisungen, Korrekturen oder Anleitungen in ihrer spontanen Bewegungsfreude eingeschränkt werden.

Vormachen und Nachmachen als traditionelle Methode des Fertigkeitserwerbs haben im Kindergarten also keinen Platz, allenfalls kann das Mitmachen der Erzieherin oder die Beobachtung des Verhaltens anderer Kinder zur Nachahmung anregen. Dies geschieht jedoch meist unbemerkt und ohne direkte Aufforderung.

Mit unbekannten Geräten wollen Kinder z. B. zunächst experimentieren, bekannte Objekte funktionieren sie manchmal einfach in ihrem Verwendungszweck um und geben ihnen eine neue Bedeutung. Sie wollen alle Seiten der Gegenstände kennenlernen und dazu brauchen sie Zeit und Gelegenheit zum Erproben spontaner Einfälle.

Für alle Bewegungsaufgaben gibt es nicht eine, sondern unterschiedliche Lösungswege, sie sind abhängig vom Einfallsreichtum der Kinder, aber auch von ihren individuellen Bewegungsvoraussetzungen.

Problemlösevermögen fördern

Offene, freie Bewegungsaufgaben können von den Kindern auf verschiedene Weise gelöst werden. Heißt die Aufgabe etwa: „Wie kommt man auf einen hohen Kasten?", so kann man an den seitlichen Grifflöchern hinaufklettern, man kann Gegenstände oder Geräte herbeitransportieren, die als Treppe genutzt werden können oder der Kasten kann von mehreren Kindern zu einer weniger hohen Aufstiegsfläche geschoben werden, von wo aus er dann erklettert wird.

Den Erfolg bei der Bewältigung der Aufgabe erfahren die Kinder unmittelbar, wenn sie auf dem Kasten stehen und den Weg nach oben selbstständig, ohne fremde Hilfe, gefunden haben. Wichtig für die Kinder ist hierbei vor allem die Erfahrung, dass nicht eine einzige Lösung die richtige ist, sondern dass es immer mehrere Möglichkeiten gibt, ein Problem zu lösen, (Zimmer, 2011).

Um ein solches Problemlösevermögen anzuregen, sollte die Erzieherin den Kindern Raum und Zeit lassen für selbstbestimmtes Spielen. Dabei kann sie Impulse geben, Hilfen dort bereitstellen, wo sie angefordert werden, sie kann mitmachen und Spielsituationen so arrangieren, dass Kinder sie selbstständig bewältigen können. Sie bringt Ideen ein, die die Kinder in ihrem Spielprozess unterstützen und ihr Handlungsrepertoire erweitern, sie sollte aber nicht zu stark eingreifen und damit das Spiel in eine bestimmte Richtung lenken.

Die Erzieherin muss in ihrem Verhalten also die Balance halten zwischen Gewährenlassen und Vorgeben; sie sollte die Kinder weder völlig sich selbst überlassen noch zu sehr in ihren Spielideen steuern. Die Kinder müssen vor allem genügend Spielraum haben, damit ihre Fantasie sich entfalten und ihr Kreativitätspotenzial sich entwickeln kann.

So werden nicht nur motorische, sondern auch kognitive, emotionale und soziale Fähigkeiten angesprochen und gefördert.

2.3 Kriterien für die Auswahl der Inhalte

Bei der Gestaltung von Bewegungsangeboten greifen Pädagogen oft auf Erfahrungen zurück, die sie selbst im Sport gemacht haben.

So halten sich über Generationen hinweg Spiele wie „Die Reise nach Jerusalem", „Völkerball" oder „Katz und Maus", obwohl ihr pädagogischer Wert höchst fragwürdig und dies auch den betreffenden Erzieherinnen und Lehrkräften zum Teil sogar bewusst ist.

Viele dieser Spiele sind mit Regeln verbunden, die ein Ausscheiden schwächerer Mitspieler aus dem Spiel zur Folge haben. Sie lassen gerade den Kindern, die ein häufiges Üben ihrer Bewegungsfähigkeiten besonders nötig hätten, kaum die Chance, ohne Erfolgsdruck und Angst vor Misserfolg im Spiel mitzumachen.

Bei der Auswahl der Inhalte sollte die Erzieherin sich zunächst daran orientieren,

- was den Bewegungs- und Spielbedürfnissen der Kinder entspricht,
- was ihr Spielrepertoire erweitert,
- worin sie ihre individuellen Kompetenzen erfahren,
- und darüber hinaus auch ihre sozialen Fähigkeiten weiterentwickeln können.

Bei offenen Bewegungsangeboten mit unterschiedlichen Stationen können die Kinder frei wählen und auch selbst entscheiden, welche Stationen sie bevorzugen.

Durch **intensive Beobachtung des Verhaltens der Kinder** wird die Erzieherin schnell herausfinden, wo die Schwerpunkte der Interessen in der jeweiligen Gruppe liegen. Diese Schwerpunkte können dann aufgegriffen und erweitert werden. Durch Impulse vonseiten der Erzieherin und durch Einbringen neuer Ideen soll auch gewährleistet werden, dass das Bewegungsrepertoire der Kinder sich erweitert und sie sich auch an neue Themen heranwagen.

Die Gestaltung der Bewegungserziehung im Kindergarten sollte von folgenden Fragen geleitet werden:

- Entspricht das Angebot dem Bedürfnis des Kindes nach Spiel und Bewegung?
- Fordern die Bewegungsaufgaben Kinder zu selbstständigem Handeln und eigenständiger Auseinandersetzung heraus?
- Entsprechen auch die Organisationsformen den kindlichen Bewegungsbedürfnissen oder schränken sie diese sogar ein (z. B. Schlangestehen vor Geräten, zu starre Regeln, die die Kinder überfordern)?
- Wecken die verwendeten Geräte und Objekte die Neugierde und Entdeckungsfreude der Kinder?
- Berücksichtigt das Spielangebot auch die Kinder mit schwächeren Leistungen? Bietet es unterschiedliche Schwierigkeitsgrade?
- Ermöglichen die Bewegungsaufgaben und -angebote jedem Kind individuelle Lösungsmöglichkeiten und geben sie somit allen Kindern die Chance, Könnenserlebnisse zu haben?

Für die Bewegungserziehung im Kindergarten geeignet sind Objekte und Geräte, die das Interesse der Kinder an der motorischen Auseinandersetzung herausfordern, Bewegungsspiele, die das Zusammenspiel der Kinder zu zweit oder in der Gruppe unterstützen (vgl. Kap. 3). Je nach örtlichen und jahreszeitlichen Gegebenheiten können auch die Räume des Kindergartens verlassen und neue Erfahrungsbereiche aufgesucht werden. So stellen Schnee und Eis besondere Erlebnissituationen für die Kinder dar und ebenso kann das Wasser als Medium vielseitiger Körper- und materialer Erfahrungen neue Herausforderungen schaffen.

Zur Erfüllung kindlicher Bewegungsbedürfnisse bedarf es sowohl freier, offener Bewegungsgelegenheiten als auch betreuter Bewegungszeiten, in denen die Erzieherin das Angebot stärker strukturiert und auch gemeinsame Bewegungsspiele anregt (vgl. Kap. 4)

3 Anregungen zur Praxis der Bewegungserziehung

Das folgende Kapitel befasst sich mit der praktischen Gestaltung von Bewegungsangeboten im Kindergarten.

Dabei werden insbesondere die im Kindergarten vorhandenen räumlichen und materialen Voraussetzungen berücksichtigt. Im Vordergrund stehen hier Bewegungsangebote mit Kleingeräten, mit Alltagsobjekten und manchmal auch mit scheinbar „wertlosen" Materialien.

Der Einsatz dieser Materialien ist nicht an das Vorhandensein eines speziellen Bewegungsraums gebunden. Sie können in der Regel überall verwendet werden, im Gruppenraum ebenso wie in der Eingangshalle des Kindergartens, aber auch im Freien oder in einer Turnhalle.

Die Überflutung mit Spielmaterialien, die eine ganz bestimmte Handhabung erfordern, führt bei Kindern häufig dazu, dass sie die Verwendungsmöglichkeiten der Spielgeräte gar nicht mehr selbst herauszufinden versuchen, sondern sie nur noch in ihrem vorgesehenen und damit meist auch eingeschränkten Verwendungszusammenhang wahrnehmen.

So sind viele Kinder heute kaum noch spielfähig, d. h., das Kind entscheidet nicht mehr selbst, wie und was es spielt, sondern es lässt sich von der Funktionalität der Spielgeräte lenken. Es macht sich die Geräte nicht mehr passend, indem es ihnen eine eigene Bedeutung gibt, sondern es passt sich dem von den Herstellern vorgesehenen Zweck an.

Die Verwendung ungewöhnlicher Materialien fordert die Kreativität der Kinder heraus. So erfahren sie z. B., wie auch scheinbar eindeutige Dinge wie eine Zeitung oder ein Staubtuch im Spiel eine neue Bedeutung erlangen können. Der Spielwert dieser Materialien muss allerdings erst von den Kindern entdeckt werden. Dabei können anfangs Impulse durch die Erzieherin erforderlich sein, um den Kindern den Anstoß für die erweiterte Sicht der Verwendungsmöglichkeiten zu geben.

Die folgenden Spiel- und Übungsanregungen geben Beispiele für den Einsatz kindgerechter, fantasieanregender Materialien.

Die Unterscheidung in einzelne Materialgruppen erfolgt dabei in erster Linie unter pragmatischen Gesichtspunkten. Geräte mit ähnlichen Eigenschaften werden zusammengefasst, Alternativen dazu angegeben und mögliche Spielideen vorgestellt.

Es liegt auf der Hand, dass diese Spielideen Kindern nicht einfach vorgegeben oder sogar „vorgemacht" werden sollten; Kinder sollten selbst entdecken, zu welchen Bewegungsspielen sich ein Luftballon eignet und auf welch unterschiedliche Weise sich ein Reifen im Spiel einsetzen lässt.

Für die Erzieherin kann es allerdings sehr wichtig sein, die vielfältigen Spiel- und Bewegungsmöglichkeiten, die der Einsatz der Geräte mit sich bringt, zu kennen, nur dann ist ihre Beobachtung offen und sensibel genug für das, was Kindern damit einfällt. So kann sie das Spiel der Kinder begleiten, kann einzelne Einfälle der Kinder verstärken, sie an die gesamte Gruppe weitergeben oder auch selbst Spielimpulse geben.

Die folgenden Bewegungsanregungen sind so aufgebaut, dass zunächst Spielideen zum Einsatz des Materials aufgelistet werden. dann werden komplexere Spielthemen vorgestellt, die die Kinder meist mit ganz konkreten Vorstellungen verbinden und abschließend folgen Spiele, die sich für den Einsatz in einer größeren Gruppe eignen, die auf einfachen Regeln aufbauen und das Miteinander- ebenso wie manchmal auch das Gegeneinanderspielen unterstützen.

3.1 Allerlei Bälle

Zum Rollen und Kicken, Werfen und Fangen, Prellen und Stoßen, Tragen und Treten.

Ein Luftballon schwebt, ein Tischtennisball springt vom Boden hoch, den Medizinball kann man kaum tragen, so schwer ist er. Im Spiel mit verschiedenartigen Bällen erfahren die Kinder deren unterschiedliche Beschaffenheit und lernen, sich in ihren Bewegungen darauf einzustellen.

Zunächst können alle vorhandenen Bälle gleichzeitig eingesetzt werden, um auszuprobieren, welche Gemeinsamkeiten und Gegensätze die Spielobjekte haben. Später konzentriert sich das Spiel auf jeweils ein bestimmtes Gerät, das dann in seiner vielfältigen Verwendungsfähigkeit gemeinsam erprobt wird. Die Materialien sind untereinander austauschbar, z. B. kann der Tischtennisschläger statt mit dem Luftballon auch mit einem Softball kombiniert werden. Wo keine Tischtennisschläger vorhanden sind, können auch Frühstücksbrettchen oder Frisbeescheiben verwendet werden.

Anregungen zur Praxis

Luftballons

Das Spiel mit Luftballons ermöglicht Kindern einen behutsamen Einstieg in die Bewegungserziehung. Das leichte, weiche Material fordert auch zurückhaltende Kinder heraus. Luftballons schweben, ihre langsame, zeitlupenartige Bewegung lässt den Kindern genügend Zeit, sich auf sie einzustellen und die eigenen Bewegungen mit denen des Geräts zu koordinieren.

Erste Versuche des Werfens und Fangens gelingen mit einem Luftballon am besten, die Koordination von Auge und Hand kann bewusst verfolgt und gesteuert werden. Damit stellt der Luftballon ein ideales Gerät für die Bewegungserziehung in den ersten Lebensjahren dar. Hinzu kommt, dass er mit vielen anderen Geräten kombiniert werden kann.

Spielideen

- Den Ballon mit unterschiedlichen Körperteilen antippen und ihn so in der Luft zu halten versuchen;
- den Ballon im Wechsel mit der rechten und linken Hand antippen und ihn so immer wieder von einer Seite auf die andere schweben lassen;
- den Ballon auf den Boden fallen lassen und sehen, ob er wieder hochspringt, dann den Ballon mit den Händen hochzuprellen versuchen;
- sich den Ballon zwischen die Knie klemmen und damit durch den Raum hüpfen.

Spielthemen

Fingerball – Armball – Knieball
Der Ballon soll mit verschiedenen Körperteilen hochgespielt werden: Welche Körperteile eignen sich hierzu besonders gut (Finger, Handrücken, Unterarme, Knie, Füße usw.)?

Fingerspitzenbalance
Den Ballon auf den Fingerspitzen zu balancieren versuchen und damit durch den Raum gehen. Dabei können immer wieder neue Fingerspitzen eingesetzt werden: Zeigefinger, Daumen ... selbst der kleine Finger schafft es, den Ballon zu balancieren.

Fußballtraining
Fußballspieler spielen den Ballon nur mit den Füßen oder Knien hoch. Welche Körperteile dürfen sie noch zum Anstoß des Balls benutzen? Kann man den Luftballon auch mit dem Kopf wegstoßen?

Anregungen zur Praxis

Luftballons

Spiele mit Regeln

Namenspiel

Die Kinder stehen im Kreis und spielen sich die Luftballons gegenseitig zu. Jedes Kind, welches den Ballon schlägt, nennt laut seinen Namen. Wenn alle Kinder einmal dran waren, wird die Aufgabe erschwert: Die Kinder nennen nicht den eigenen Namen, sondern den des Kindes, dem sie den Ballon zuspielen wollen.

Luftballons und Tischtennisschläger

Im freien Spiel können die Kinder ausprobieren, was man mit dem Tischtennisschläger (oder mit einem Frühstücksbrettchen) und dem Luftballon machen kann.

Serviertablett
Der Luftballon wird auf dem Tischtennisschläger durch den Raum tragen. Jedes Kind darf sich ausdenken, was es auf dem Tablett serviert: Kartoffelknödel oder eine große Eiskugel? Der Kellner darf selbst bestimmen, was er gerade serviert.

Luftballon prellen
Den Ballon mit dem Schläger auf den Boden prellen. Wie muss man ihn steuern, damit er immer wieder hochspringt?

Wandballon
Den Ballon an die Wand zu schlagen versuchen. Wie bei einem Tennisspiel kann er immer wieder mit dem Schläger zurückgeprellt werden.

Partnerspiele
Zwei Kinder spielen sich einen Ballon gegenseitig mit dem Schläger zu.

Spiele mit Regeln

Ballon über die Schnur
Im Raum wird eine Schnur oder eine Leine aufgespannt (in ca. 1 m Höhe). Die Kinder stehen jeweils zur Hälfte auf der einen und auf der anderen Seite. Der Ballon soll nun immer über die Schnur gespielt werden.

Haltet das Feld frei!
Der Raum ist in zwei Felder aufgeteilt, in jedem Feld liegen gleich viele Luftballons. Auch die Kinder teilen sich in zwei Gruppen auf und stellen sich in ihre Raumhälfte. Jede Gruppe versucht nun, die eigene Raumhälfte von Luftballons frei zu halten, indem die Ballons mit dem Schläger aus der eigenen Hälfte ins Feld der anderen Gruppe befördert werden.

Anregungen zur Praxis

Lufttüten tanzen lassen

Lufttüten

Eine Alternative zu Luftballons sind einfache Haushaltsmüllbeutel. Sie sind eine schöne und preiswerte Alternative, mit denen ebenfalls variationsreiche Spiele durchgeführt werden können. Die Müllbeutel werden zunächst (auch gemeinsam mit den Kindern) durch Hin- und Herschwingen mit Luft gefüllt („Lufttüten"). Anschließend wird der Beutel zugeknotet und optisch verschönert, indem z. B. Streifen aus Krepppapier um die „Ballons" gebunden werden. Die Kinder können nun mit den „Lufttüten" frei experimentieren.

Spielideen

- Die „Lufttüten" in Bewegung bringen und beobachten, wie sie fliegen.
- Die Tüten mit verschiedenen Körperteilen antippen und versuchen, sie nicht auf den Boden fallen zu lassen.
- Die Tüten mit einem langen Band versehen (Seil oder Schnur), sie an dem Band hinter sich herziehen, sie über den Boden schlängeln oder sie durch Schwingen des Bandes in die Luft zu bringen versuchen.

Spielthemen

Lufttüten tanzen lassen
Alle Lufttüten werden auf ein großes Schwungtuch oder auf ein Bettlaken gelegt. Die Kinder verteilen sich um das Schwungtuch und bewegen es auf und ab. Bei jedem Schwung nach oben tanzen die Lufttüten auseinander, beim Abschwingen fallen sie in der Mitte des Tuchs zusammen.

Lufttüten fangen
Mehrere Kinder haben eine Lufttüte, die an einem langen Band befestigt ist. Sie laufen damit durch den Raum und lassen sie möglichst hoch fliegen. Die Erzieherin und die anderen Kinder versuchen, die Tüten zu fangen. Wer eine Tüte erwischt hat, darf sie nun fliegen lassen.

Medizinbälle und Wasserbälle

Medizinbälle und Wasserbälle sind zwar gleich groß, sie unterscheiden sich jedoch durch ihr Gewicht. Medizinbälle sind sehr schwer, die Wasserbälle federleicht. Im freien Erproben der Materialien dürfen die Kinder herausfinden, wozu sich die Medizinbälle eignen und welche Spiele sich eher mit den Wasserbällen oder eher mit den Medizinbällen durchführen lassen.

Spielideen

- Medizinbälle und Wasserbälle kreuz und quer durch den Raum rollen und sie einzuholen versuchen. Welche Bälle sind schneller?
- Sich auf den Medizinball setzen, das Gleichgewicht darauf zu halten versuchen.
- Sich mit dem Bauch auf den Medizinball legen – Arme und Beine heben, vielleicht sogar Schwimmbewegungen dabei imitieren.
- Auf einem großen Medizinball zu balancieren versuchen (im Knien, im Stehen). Zur Sicherheit kann man sich dabei von einem anderen Kind helfen lassen oder sich an der Sprossenwand festhalten.
- Den Wasserball hochwerfen und ihn wieder aufzufangen versuchen.
- Sich den Wasserball mit anderen Kindern auf verschiedene Art zurollen (im Sitzen oder in der Bauchlage). Das Gleiche mit dem Medizinball versuchen. Wozu benötigt man mehr Kraft?

Kombination mit einem Tischtennisschläger

Auch Medizinbälle und Wasserbälle lassen sich mit dem Tischtennisschläger (oder Frühstücksbrettchen) kombinieren. Die Kinder finden selbst neue Verwendungsmöglichkeiten.

Beispiele

- Den Medizinball mit dem Schläger über den Boden treiben und ihn so durch den ganzen Raum rollen.
- Sich vor den Medizinball setzen und auf ihm mit dem Schläger trommeln.
- Sich zu zweit den Wasserball mit dem Schläger über den Boden zuspielen.
- Den Wasserball auf einem Schläger zu balancieren versuchen.

Pezzibälle

Pezzibälle in verschiedenen Größen und Farben bilden eine neue Herausforderung in der Kategorie der Bälle. Sie sind einerseits belastbarer als Luftballons oder Wasserbälle, andererseits aber auch leichter als ein gleich großer Medizinball.

Spielideen

- Sich die Bälle gegenseitig zurollen.
- Die Bälle auf den Boden prellen (und damit sogar durch den Raum gehen oder laufen).
- Sich auf den Ball setzen und auf- und abwippen.
- Sich mit dem Bauch oder mit dem Rücken auf den Ball legen und die Balance halten.
- Den Ball zwischen die Beine klemmen und versuchen, damit zu gehen, ohne dass der Ball zu Boden fällt.

Pezzibälle

Spiele mit Regeln

Eiskugel
Ein Kind rollt einen Pezziball (Eiskugel) durch den Raum und versucht damit, die anderen Kinder zu treffen. Wird ein Kind von der „Eiskugel" berührt, muss es sofort stehen bleiben, es wird „eingefroren". Man kann allerdings wieder aus dem Erfrieren erlöst werden, wenn man von einem anderen Kind angetippt wird.

Kinder kegeln
Die Kinder spielen „Kegelbahn": 3-4 Kinder haben einen Pezziball, die anderen Kinder sind die „lebenden" Kegel. Die Kegler rollen (nicht werfen) die Bälle über den Boden und versuchen, dabei einen Kegel zu treffen. Wer von dem Ball berührt worden ist, setzt sich auf den Boden, kann aber wieder erlöst werden, wenn ihm ein anderes Kind ein Zauberwort „Frei" zuruft und es dabei antippt. Die Kegler haben gewonnen, wenn alle Kinder auf dem Boden sitzen.

Sautreiben
Ein dicker Pezziball stellt eine Sau dar, die mithilfe von kleineren Bällen (Gymnastikbälle) in den „Stall" getrieben werden soll. Der dicke Pezziball darf nicht mit den Händen berührt werden. Als Stall dient eine Turnmatte, die in einer Ecke des Raums auf dem Boden liegt. Sobald die „Sau" auf die Matte getrieben wurde, haben die Kinder gewonnen, das Spiel beginnt von Neuem. Jetzt vielleicht mit einer neuen Regel:

- Auf der Matte stehen zwei Kinder, die ebenfalls Bälle haben und mit diesen die „Sau" abwehren können.

Tennisbälle und Softbälle

Abgespielte Tennisbälle kann man leicht von Tennisklubs oder durch eine Sammlung bei den Eltern erhalten. Softbälle gibt es in unterschiedlichen Größen, sie sind aus Schaumstoff und daher weich, lautlos und tun auch nicht weh, wenn aus Versehen ein Kind einmal von einem Ball getroffen wird. Für Kinder sind die kleinen Bälle sehr gut zum Werfen geeignet, das Fangen ist schwieriger, hierfür ist es sinnvoll, einen Gymnastikball oder auch einen Wasserball zu verwenden. Beim Werfen und Fangen gilt die Faustregel: Je kleiner der Ball ist, umso besser ist er zum Zielwerfen geeignet, je größer und leichter er ist, umso leichter lässt er sich fangen.

Spielideen

- Weitwerfen mit Tennisbällen: Im Freien, auf einer Wiese oder auf dem Spielgelände können die Kinder ausprobieren, wie weit sie mit dem Tennisball werfen können.
- Zielwerfen: Ein Reifen wird an einem Seil befestigt und an die Decke gehängt. Die Kinder versuchen, die Bälle durch den Reifen zu werfen.
- Die Bälle hochwerfen und wieder aufzufangen versuchen.
- Die Bälle an die Wand werfen und wieder auffangen.
- Mit einem Tennisball einen dickeren Gymnastikball auf dem Boden abzutreffen versuchen, sodass dieser weiterrollt.
- Die Bälle eine schräge Bahn (Rutsche oder an der Sprossenwand eingehängte Bank) hinunterrollen lassen.
- Die Bälle mehrmals auf den Boden zu prellen versuchen.

Spielthemen

Zielwerfen
Auf die Wände werden verschiedene Zielflächen gemalt (kleine und große Kreise, Vierecke, Dreiecke), die mit dem Tennisball oder dem Softball getroffen werden sollen. Der Abstand zu den Zielflächen darf frei gewählt werden. Ältere Kinder können die Anzahl ihrer Treffer zählen.
Variation: Die Erzieherin zeigt ein Symbol (Kreis, Viereck, Dreieck), die Kinder suchen an der Wand die dazu passende Zielfläche und versuchen, sie mit dem Ball abzutreffen.

Dosenpyramiden
Auf einem Kasten oder einem Tisch werden mehrere Joghurtbecher aufgestellt. Die Kinder probieren aus, aus welchem Abstand sie die Becher treffen können.
Variation: Wie auf dem Jahrmarkt werden viele Dosen zu einer Pyramide aufeinandergestapelt. Jeder Mitspieler darf nun versuchen, so viele Becher wie möglich auf einmal abzutreffen.

Spiele mit Regeln

„Haltet die Kiste leer"
Ein Karton oder ein kleiner Turnkasten steht mit der Öffnung nach oben im Raum. In ihm liegen viele Bälle (Tennisbälle, Softbälle, Gymnastikbälle). Zwei Kinder sind die „Kastenleerer", sie werfen die Bälle, so schnell sie können, aus dem Kasten in den Raum, die anderen versuchen, so schnell wie möglich, die Bälle wieder zurück in den Kasten zu bringen. Das Spiel ist zu Ende, wenn kein Ball mehr im Kasten ist.

3.2 Seile und Schnüre

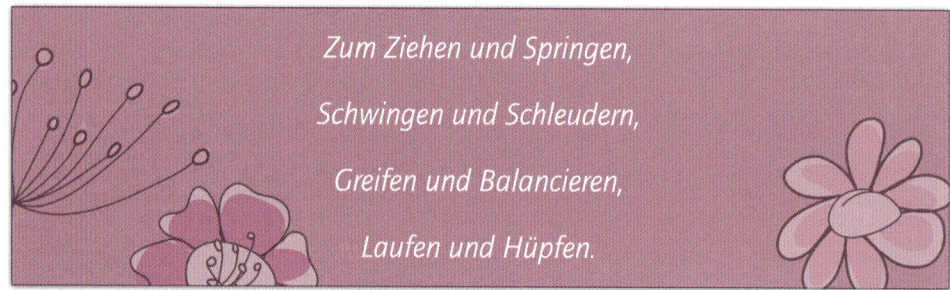

Zum Ziehen und Springen,

Schwingen und Schleudern,

Greifen und Balancieren,

Laufen und Hüpfen.

Gummitwist", wer kennt das Hüpfspiel nicht, das auf jedem Schulhof, auf Bürgersteigen und sogar in engen Hausfluren – vor allem von Mädchen – gespielt wird?

Dieses Spiel wurde früher von einer Kindergeneration an die andere weitergegeben, ohne dass Erwachsene sich darum kümmern mussten. Heute ist es notwendig, im Kindergarten oder in der Schule solche traditionellen Spiele aufzugreifen, damit sie nicht in Vergessenheit geraten.

Ähnlich verhält es sich mit dem Seilspringen. Es ist eigentlich ein traditionelles Bewegungsspiel, das aber im Alltag kaum mehr geübt wird. Da es ein hohes Maß an Ausdauer und Bewegungskoordination erfordert, benötigen Kinder Anregungen, um es trotz der erforderlichen Anstrengung attraktiv zu machen.

Die folgenden Spielideen mit dem Seil stellen gute Vorübungen für das Seilspringen dar.

Spielideen mit dem Seil

- Mit dem Seil durch den Raum laufen und es dabei auf dem Boden schlängeln lassen.
- Das Seil in einer langen Linie auf den Boden legen und darüber balancieren.
- Alle Seile im Raum auf dem Boden verteilen (in Linien, mit Abstand). Um alle Seile herumlaufen und keines zu betreten versuchen.
- Über die am Boden liegenden Seile springen (beidbeinig, einbeinig, mit den Händen auf den Boden stützen und mit den Füßen nachspringen, Sprünge mit Drehungen usw.).

Spielthemen

Hindernisse überqueren

Die Seile werden jeweils von zwei Kindern (oder ein Kind und eine Erzieherin) an den Enden gehalten und so über den Boden gespannt. Die anderen Kinder benutzen sie als Hindernisse, springen darüber, kriechen darunter durch.

Pferdchenspiel

Zwei Kinder haben ein Seil, einer spielt das Pferdchen, der andere ist der Kutscher.

Das Seil wird als Zügel um die Schultern des Pferdchens gelegt, während ein anderes die Zügel hält und als „Kutscher" mit dem Pferdchen davongaloppiert.

Im Raum können auch Hindernisse aufgebaut werden, um die das Pferdchen herumläuft oder die es überspringt.

Pferdchenspiel

Gräben überspringen

Jeweils zwei Seile werden so nebeneinandergelegt, dass zwischen ihnen ein Graben entsteht. Die Seile sollten so gelegt werden, dass der Graben an einer Stelle schmal, an der anderen breit ist. Die Kinder überspringen den Wassergraben, dabei darf sich jeder die Stelle aussuchen, an der er sich das Springen zutraut. Im Raum sind verschiedene „Wassergräben" verteilt, sodass die Kinder sich beim Springen und Laufen immer wieder neu einschätzen und ihre Fähigkeiten erproben können.

Variation: Auch die Art des Springens abändern: Die schmalen Gräben mit beiden Füßen gleichzeitig überspringen, die breiteren mit Anlauf und einbeinigem Absprung überqueren.

Formen legen

Mit dem Seil werden Formen auf den Boden gelegt: Kreise, Dreiecke, Vierecke, Herzen, Häuser, Schnecken, Buchstaben usw. Die Erzieherin (oder ein Kind) kann auch eine Form vorlegen, alle anderen versuchen, mit ihrem Seil eine ähnliche Form zu legen.

Formen ertasten

Die Kinder bilden Paare. Ein Kind legt mit dem Seil eine Form auf den Boden, das andere hat dabei die Augen geschlossen. Es soll nun das Seil des Partners mit den Händen ertasten und herauszufinden versuchen, um welche Form es sich handelt (ein Kreis oder ein Viereck?).

Seiltransport

Die Seile liegen auf einem Haufen. Sie stellen zahme Schlangen dar, die aber nur mit den Füßen berührt werden dürfen. Sie sollen in eine nahe stehende Kiste transportiert werden. Die Kinder sind barfuß und versuchen, die Seile mit den Zehen zu greifen und mit ihnen so zur Kiste zu hüpfen. Wem das zu anstrengend ist, kann die Schlange unterwegs auch 1 x absetzen und mit dem anderen Fuß weitermachen.

Zirkusartisten

Das Seil liegt in einer langen Linie auf dem Boden. Die Kinder sind Zirkusartisten, die aber zuerst noch in die Balancierschule gehen müssen. Sie versuchen, (barfuß) auf dem Seil zu balancieren. Damit die Artisten ganz sicher werden, balancieren sie ab und zu auch einmal barfuß mit geschlossenen Augen. Finden sie heraus, wann das Seil zu Ende ist? Auf dem Seil kann man auch ein Kunststück wagen: hochspringen und mit beiden Füßen wieder auf dem Seil landen oder sich beim Balancieren drehen.

Spiele mit Regeln

Auf die Schlange treten
Die Erzieherin schlängelt das Seil über den Boden. Die Kinder versuchen, mit den Füßen auf die „Schlange" zu treten (dabei sollten entweder alle Kinder Schuhe tragen oder alle barfuß sein).

Wer das Seil berührt, darf es bei der nächsten Spielwiederholung schlängeln lassen. Bei einer größeren Gruppe können mehrere Kinder gleichzeitig ein Seil als Schlange benutzen.

Schwänzchen fangen
Jedes Kind hat ein Seil, das es sich hinten in seinen Hosenbund steckt (so, dass es am Boden schleift). Jeder versucht, die Seile der anderen zu fangen, ohne das eigene zu verlieren. Wer ein Seil gefangen hat, legt es in ein verabredetes „Lager" (eine Matte in einer Raumecke). Wer kein Seil mehr hat, darf sich von der Erzieherin ein neues holen.

Seilstraßen
Die Kinder legen zwischen den verschiedenen Räumen (Küche, Gruppenräume, Bewegungsraum, Waschraum etc.) im Kindergarten Seile aus. Ohne Lücke sollen die Räume so verbunden werden. Eine Zeit lang gilt die Regel: Wer in einen anderen Raum will, darf nur über die Seilstraße balancieren.

Auf die Schlange treten

Schwingende Seile
Zwei Kinder halten ein Seil jeweils an den Endknoten. Sie lassen es hin- und herpendeln, während die anderen versuchen, über das schwingende Seil zu laufen, ohne es zu berühren. Die Erzieherin kann die Kinder dazu auffordern, herauszufinden, wann es leichter ist, das Seil zu überqueren: Wenn das Seil auf sie zu- oder von ihnen wegschwingt?

Sport und Spiel im Kindergarten

Schwingende Seile

Die „Zauberschnur"

Die Zauberschnur ist ein langes, elastisches Seil, das sich vor allem für Bewegungsangebote mit der ganzen Gruppe eignet. Die Kinder können z. B. die Schnur zu einem Kreis legen und dann alle einen Platz am Rand des Kreises einnehmen. Sie halten sich mit beiden Händen an der Schnur fest und probieren verschiedene „Kunststücke" aus.

Spielideen im Kreis

- Über die Schnur steigen, sodass alle im Innenkreis stehen und auch wieder zurücksteigen.
- Die Schnur über den Kopf hinter den Rücken bringen.
- Sich hinzusetzen und auch wieder aufzustehen versuchen, ohne die Schnur loszulassen.
- Sich im Sitzen hinlegen und die Schnur dabei nach oben spannen, sodass sie über den Kopf gehalten werden kann.
- Im Sitzen sich an der Schnur wie an einem Lenkrad festzuhalten und mit den Beinen „Fahrrad fahren" (vorwärts fahren, rückwärts fahren, eine Kurve nach rechts und nach links fahren).

Spielthemen

Hohe Schnur – tiefe Schnur
Die Zauberschnur wird quer im Raum gespannt. In ca. 30-40 cm Höhe wird sie an einem Ende von der Erzieherin gehalten, ein Ende kann an einem Tischbein oder an der Sprossenwand befestigt werden. Die Kinder überwinden die Schnur in selbstgewählter Form (drüberspringen, drunter durchkriechen, durchrutschen, überqueren mit Aufstützen der Hände usw.). Bei leicht schräg gehaltener Schnur können die Kinder die Schwierigkeitsgrade für das Überspringen selbst auswählen.

Wäsche sammeln
Die Schnur wird in Kopfhöhe der Erzieherin gehalten, sodass die Kinder sich hochrecken oder springen müssen, um sie zu berühren (auch hier sollte die Schnur schräg gehalten werden). An der Schnur können Gegenstände befestigt werden, die die Kinder zu erreichen oder runterzuholen versuchen (Strümpfe, Tücher, Seile, Luftballons u. Ä.).

Fenstersteigen
Von der Erzieherin und einem Kind wird die erste Schnur ca. 50 cm, die andere ca. 30 cm hoch gehalten. Durch dieses „schräge" Fenster können die Kinder steigen oder springen, unter der höheren Schnur kriechen sie durch (oder umgekehrt!).

Spinnennetz
Mit unterschiedlichen Seilen oder Schnüren wird mit den Kindern ein Spinnennetz gespannt: Kreuz und quer, hoch und tief, werden die Seile mithilfe von Stühlen oder draußen an Bäumen wie in einem Spinnennetz „gesponnen". Einige Kinder dürfen nun die „mutigen Fliegen" sein, die sich in das Spinnennetz wagen, aber die Spinnenfäden nicht berühren dürfen – sonst kleben sie fest! Anschließend werden die Rollen getauscht.

Variation: Ein Kind kann die Spinne spielen, die in einer Ecke des Netzes lauert und die Fliegen beobachtet. Entdeckt sie eine Fliege, die das Netz berührt, darf sie schnell herüberkrabbeln und die Fliege in ihre „Spinnenhöhle" bringen.

Zauberkreis
Beide Zauberschnüre werden an ihren Enden zusammengeknüpft, sodass ein Kreis entsteht, an dem alle Kinder Platz haben. Sie fassen die Schnur an und probieren aus, wie groß der Kreis werden kann, wenn sie alle gleichzeitig rückwärts gehen. Beim Vorwärtsgehen wird der Kreis wieder kleiner und die Schnur verliert ihre Spannung.

Ziehtau

Ein dickes Tau ist zwar weniger vielseitig als ein Seil, es eignet sich aber sehr gut für Balancierkunststücke und natürlich für kleine Wettspiele im Sinne des bekannten „Tauziehens":

Spielideen

- Das Tau auf den Boden legen, die Kinder versuchen, darüber zu balancieren.
- Beim Balancieren einen Schirm oder einen Stab als Balancierstange benutzen – wie die echten Seiltänzer im Zirkus.
- Das Tau wird in Kurven im Raum ausgelegt. Mit geschlossenen Augen versuchen die Kinder, (barfuß) ihren Weg zu ertasten.

Ziehtau

Spielthemen

Gegenverkehr
Mehrere Taue sind im Raum auf dem Boden ausgelegt. An jedem Tau beginnen zwei Kinder an jeweils einem Ende, darüber zu gehen. Treffen sie sich in der Mitte, sollen sie versuchen, aneinander vorbeizukommen, ohne dass einer das Tau verlässt.

Tausendfüßler
Jedes Kind sucht sich einen Platz am Tau. Alle heben es gemeinsam hoch und tragen es über dem Kopf durch den ganzen Raum. Der „Tausendfüßler" geht in Kurven und Schlangenlinien und kann dabei auch zischende oder andere unheimliche Geräusche machen.

Die Raupe
Die Kinder gehen gemeinsam mit dem Tau durch den Raum, in dem Stühle, Tische und andere einfache Hindernisse aufgebaut sind.

„Stellt euch vor, ihr wärt eine lange Raupe, die bei ihrem Weg durch Blätter und Zweige auf viele Hindernisse trifft. Sie muss unter den Hindernissen hindurchkriechen, über sie hinwegklettern und manchmal rollt sie sich auch in einer Schneckenform zusammen und ruht sich aus" (die Kinder versuchen, sich gemeinsam auf den Boden zu setzen).

3.3 Teppichfliesen und Matratzen

Zum Rutschen und Rollen,

Kriechen und Krabbeln,

Federn und Springen,

Gleiten und Fallen.

Teppichbodenreste, die zu einem Viereck geschnitten sind (Größe ca. 40 x 40 cm), quadratische Teppichfliesen in unterschiedlichen Farben oder auch bunte Fußmatten sind einfache, meist sogar kostenlose Hilfsmittel, mit denen vielseitige und abwechslungsreiche Bewegungsspiele durchgeführt werden können. Sie lassen sich nicht nur als Spielobjekte, als Hindernisse oder Orientierungspunkte im Raum verwenden, sondern können in Räumen mit kaltem, hartem Boden auch ein Turnmattenersatz oder eine weiche Sitzunterlage darstellen. Im Idealfall sind die Teppichfliesen in etwa gleicher Anzahl jeweils in den Grundfarben rot, grün, gelb und blau vorhanden. In diesem Fall kann nicht nur das flauschige Material der Fliesenoberseite für materiale Erfahrungen genutzt und die quadratische Form für die Gestaltung von Hüpfkästchen u. Ä. eingesetzt werden, die Farben ermöglichen auch Spiele und Übungen zur Differenzierung der visuellen Wahrnehmungsfähigkeit (vgl. auch Zimmer, 2009a).

Spielideen

- Schlittschuhlaufen: Die Teppichfliesen mit der flauschigen Seite nach unten auf den Boden legen und auf ihnen „schlittern".
- Rollerfahren: Jedes Kind hat eine Teppichfliese, steht darauf mit einem Fuß, mit dem anderen drückt es sich wie bei einem Roller vom Boden ab und bewegt sich durch den Raum.
- Die Fliesen mit der rutschfesten Seite auf den Boden legen und sie zum Überspringen nutzen.
- Von einer Fliese zur anderen zu treten versuchen, ohne dass der Boden berührt wird.

Spielthemen

Hausputz
Der Boden des Turnraums soll „gebohnert" werden. Jedes Kind probiert aus, in welcher Lage das Rutschen auf den Fliesen möglich ist und wie man sich vom Boden abstoßen muss, um voranzukommen (im Sitzen mit den Füßen abstoßen, in der Bauchlage mit den Händen schieben, in der Rückenlage mit den Füßen schieben usw.).

Sport und Spiel im Kindergarten

Transporter

Transporter
Jeweils zwei Kinder haben eine Fliese. Ein Kind soll seinen Partner durch den Raum ziehen oder schieben, der Partner kann dabei unterschiedliche Lagen auf der Fliese einnehmen. In der Hocke sitzend, kann er z. B. an den Händen gezogen werden, im Sitzen oder in der Rückenlage kann man ihn an den Beinen vorwärts ziehen usw.

Inselspringen
Die Teppichfliesen liegen im Abstand von ca. 1 m im Raum verteilt auf dem Boden. Sie stellen Inseln dar; jedes Kind steht auf einer Insel und kann nun versuchen, von einer Insel zur anderen zu gelangen. (Damit die Kinder Zeit und Ruhe zum Wechseln haben, sollten mehr Teppichfliesen als Kinder vorhanden sein.) Welche Möglichkeiten gibt es, von einer „Insel" zur anderen zu gelangen (z. B. ein- oder beidbeiniges Springen, einen großen Schritt auf die nächste Fliese machen, mit den Händen auf die Fliese stützen und mit den Füßen nachspringen usw.)?

Teppichstraßen
Teppichfliesen in unterschiedlichen Farben werden in einer langen Reihe hintereinandergelegt. Jedes Kind sucht sich aus, ob es von Fliese zu Fliese springt und dabei jede Farbe benutzt, oder ob es nur die Fliesen einer ganz bestimmten Farbe berühren will. (Die Erzieherin sollte beim „Bau" der Teppichbodenstraße darauf achten, dass der Abstand zwischen den jeweiligen Farben nicht zu groß ist.)

Labyrinth ertasten
Mehrere Teppichfliesen sind in einer Reihe aneinandergelegt, dabei zweigen einige kürzere „Seitenstraßen" nach rechts und links ab. Am Ende einer „Straße" liegt eine Rassel oder ein Glöckchen. Ein Kind soll mit geschlossenen Augen die Straßen ertasten und dabei die Rassel finden.

Teppichstraße

Spiele mit Regeln

Farbenlauf

Fliesen in den Grundfarben rot, blau, grün und gelb liegen im Raum verteilt auf dem Boden. Jedes Kind sucht sich eine Farbe aus und setzt sich auf die entsprechende Fliese. Die Erzieherin hat vier Tücher in den entsprechenden Farben. Sie zeigt ein Tuch als Signal für eine vorher vereinbarte Reaktion, die nur die Kinder betrifft, die die entsprechende Farbe haben:

- Alle Kinder laufen um die Fliesen herum. Diejenigen, deren Farbe gezeigt wird, haben Pause und ruhen sich auf den Fliesen aus.
- Alle nehmen auf ihren Fliesen Platz. Die Kinder, deren Farbe von der Erzieherin (oder einem in der Mitte stehenden Kind) gezeigt wird, laufen so lange um die anderen herum, bis die Farbe gewechselt wird. (Es können auch mehrere Farben gleichzeitig gezeigt werden.)

Matratzen und Schaumstoffteile

Kleine Matratzen, Polster und Schaumstoffelemente stellen für Kinder sowohl variable Bauelemente als auch beliebte Unterlagen bei Bewegungsspielen dar. Kinder bauen aus ihnen gerne Buden oder Höhlen, deswegen sollten möglichst viele Matratzenteile oder Schaumstoffelemente vorhanden sein. Auch die Turnmatten sind nicht nur als Fallschutz bei höheren Geräten geeignet. Sie lassen sich auch gut in Bewegungsspiele einbeziehen.

Spielideen

- Die Schaumstoffteile mit kleinen Abständen in einer Reihe hintereinander auslegen. Die Kinder überspringen die Elemente, treten jeweils in die Zwischenräume.
- Die Matten in einem Kreis auslegen, von Matte zu Matte springen und dabei den Abstand selbst auswählen.
- Über eine Matte zu springen versuchen.
- Sich seitwärts über eine Matte rollen (wie ein Baumstamm).
- Ein Kind liegt auf einer Matte und wird von mehreren anderen durch den Raum gezogen.

Spielthemen

Hügellandschaft

Mehrere Polster, Schaumstoffteile und Matratzen werden kreuz und quer über- und nebeneinander auf dem Boden verteilt, sodass eine unebene Fläche entsteht. Darüber werden ein großes Schwungtuch oder mehrere Bettlaken gelegt. Es entsteht eine „Hügellandschaft", die die Kinder zum Rollen, Springen und vor allem auch zum Sichfallenlassen einlädt.

Matratzen und Schaumstoffteile

Gräben überspringen

Zwei Matratzen liegen im Abstand von ca. 50 cm voneinander entfernt auf dem Boden. Wenn mehrere Matten vorhanden sind, können die Abstände zwischen den Matten jeweils unterschiedlich groß sein. Die Matten stellen eine Wiese mit einem Graben dar, der in selbstgewählter Form übersprungen werden soll. Jedes Kind sucht sich selbst aus, wie breit sein Graben sein soll.

Spiele mit Regeln

Rettungsinseln

Die Matten liegen im Raum verteilt auf dem Boden. Die Kinder laufen um die Matten herum. Auf ein Signal der Erzieherin (Trommelschlag oder vereinbartes Signalwort) suchen alle einen Platz auf einer Insel. Wie viele Kinder passen auf eine Insel?

3.4 Zeitungen und Tücher

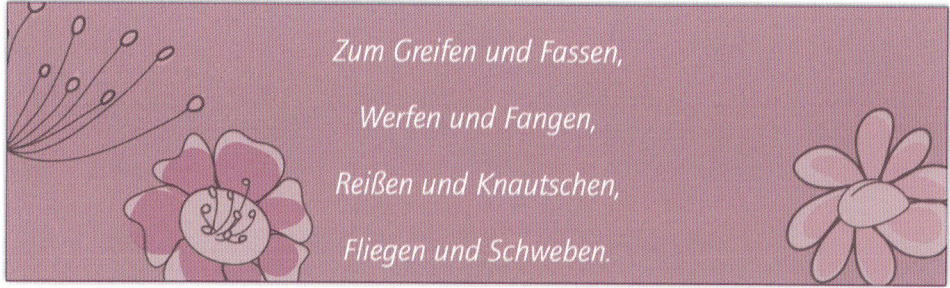

Zum Greifen und Fassen,

Werfen und Fangen,

Reißen und Knautschen,

Fliegen und Schweben.

Mit Zeitungspapier muss man behutsam umgehen, es zerreißt schnell, kann aber genauso schnell auch wieder ersetzt werden.

Zeitungen lassen sich verwandeln: in Flügel oder Dächer beim Laufen, in einen Graben zum Überspringen, in ein Schwungtuch, auf dem Luftballons transportiert und hochgeworfen werden können oder in einen leichten, weichen Ball, bei dem das Abgetroffenwerden keine Angst macht. Damit stellen Zeitungen für Kinder reizvolle Spielgeräte dar. Ihr zweckentfremdeter Einsatz regt die kindliche Fantasie an, denn ihre Bedeutung kann bei jedem Spiel wechseln.

Jedes Kind benötigt zunächst ein Zeitungsdoppelblatt; da oft Ersatz gebraucht wird, sollten immer ausreichend Ersatzblätter zur Verfügung stehen.

Spielideen

- Die Zeitungen im Raum auf dem Boden verteilen, vorsichtig von einer Zeitung auf die andere treten, damit keine kaputtgeht.

- Um alle Zeitungen herumlaufen, in Kurven, mal schnell und mal langsam.

- Jedes Kind stellt sich auf eine Zeitung und merkt sich (an den Bildern oder anderen Merkmalen), welches Blatt das ist. Dann laufen alle Kinder um die Zeitungen herum, auf ein Signal der Erzieherin sollen sie „ihr" Blatt wiederfinden.

- Das Zeitungsblatt mit beiden Händen über den Kopf halten und sich dabei im Raum bewegen. Je schneller die Kinder laufen, umso mehr flattert das Papier, es fliegt fast waagerecht in der Luft, sodass jeder ein „Dach" über dem Kopf hat.

- Zwei Kinder haben gemeinsam ein Blatt. Sie sollen jeweils eine Ecke des Zeitungsblatts fassen und zu zweit nebeneinanderlaufen, ohne dass das Papier zerreißt (eventuell auch als gemeinsames Dach über dem Kopf halten).

- Beim schnellen Laufen das Zeitungsblatt loslassen und durch die Luft fliegen lassen. Jedes Kind sollte ein Blatt verfolgen und sehen, wo es gelandet ist.

- Das Blatt wird fliegen gelassen, soll aber wieder aufgefangen werden, bevor es den Boden berührt.

- Beim ganz schnellen Laufen braucht das Zeitungsblatt gar nicht mehr festgehalten zu werden. Es „klebt" an verschiedenen Körperteilen: am Bauch, an den Armen oder an einer Hand. Die Kinder probieren aus, auf welchen Körperteilen das Blatt beim Laufen durch den Fahrtwind haften bleibt.

Spielthemen

Pfützen überspringen
Das Zeitungsblatt liegt ausgebreitet auf dem Boden. Es stellt eine große Wasserpfütze dar, in die oder über die die Kinder springen sollen. Jeder sucht sich selbst aus, wie er am liebsten in der Pfütze landet oder wie er sie überspringen will.

Ebenso kann jeder wählen, ob er lieber über die Breitseite der Zeitung springen will oder ob er es über die Längsseite versuchen möchte.

Zeitungsdecken
Partneraufgabe: Ein Kind liegt am Boden und wird von seinem Partner sanft mit einigen Zeitungen zugedeckt. Der ganze Körper soll von den Zeitungen bedeckt sein. Anschließend sollte die Erzieherin mit den Kindern darüber sprechen, wie sie sich unter der „Zeitungsdecke" gefühlt haben (warm, dunkel, ruhig usw.).

Pfützen überspringen

Aneinanderkleben
Jeweils zwei Kinder stehen Rücken an Rücken und halten zwischen sich ein Zeitungsblatt. Sie versuchen nun, gemeinsam durch den Raum zu gehen, sich zu drehen oder zu bücken, ohne dass sie das Blatt verlieren.

Fußfesseln
In die Zeitungen werden zwei Löcher gerissen, die so groß sind, dass man sich jeweils mit einem Fuß hineinstellen kann. Kann man sich so von der Stelle bewegen oder sogar durch den Raum gehen, ohne dass die Zeitung zerreißt?

Zerreißproben
Die Zeitung soll durchgerissen werden, dabei dürfen aber möglichst nur die Füße benutzt werden. Wie schafft man es, die Zeitung mit den Zehen in viele kleine Schnipsel zu reißen? Die Zeitungsschnipsel sollen anschließend mit den Zehen aufgegriffen und zu einem Papierkorb gebracht werden.

Zeitungsbälle
Die Zeitungsblätter werden zu Bällen geformt (eventuell mit etwas Klebeband befestigt). Wenn genügend Bälle vorhanden sind, kann man damit eine Art „Schneeballschlacht" machen. Jeder versucht, jeden abzutreffen. Mit den Zeitungsbällen kann man aber auch Fußball spielen, man kann sie sich zuwerfen und fangen oder in einen großen Behälter zu treffen versuchen.

Sport und Spiel im Kindergarten

Zielwerfen

Zielwerfen
Eine Schnur wird im Raum gespannt, daran werden mit Wäscheklammern Zeitungsblätter befestigt. Die Kinder versuchen, mit Bällen (Tennisbälle oder Softbälle) die Zeitungen zu treffen.

Die Entfernung dürfen sie dabei selbst auswählen. Wie weit kann man sich entfernen und die Zeitungen doch noch treffen? Vielleicht gelingt es ihnen sogar, mit dem Ball ein Loch durch die Zeitung zu werfen.

Rollende Bälle
Die Zeitungsbälle werden auf ein Schwungtuch gelegt und gemeinsam wird das Schwungtuch auf- und abbewegt, sodass die Bälle von einer Seite auf die andere oder im Kreis rollen.

Riesenball
Alle benutzten Zeitungsblätter können zum Abschluss zu einem riesengroßen Ball geformt werden (damit die Blätter nicht abfallen, müssen sie mit etwas Klebeband befestigt werden). Der Riesenball kann in der im Kreis sitzenden Gruppe hin- und hergerollt, geworfen oder einfach von Kind zu Kind weitergegeben werden.

Zeitungsschwungtuch
Mehrere Zeitungsblätter werden nebeneinander auf den Boden gelegt und mit Klebeband (Paketband) miteinander verbunden. Es entsteht ein Riesenzeitungsblatt. Dann wird das Riesenblatt gemeinsam hochgehoben und vorsichtig in die Luft geschwungen.

Damit die Ränder der Zeitung beim Greifen und Festhalten nicht einreißen, ist es hilfreich, diese auch mit Klebeband zu verstärken. Eine solche Zeitungsschwungtuch wird nach Spielabschluss natürlich nicht weggeworfen, sondern sorgfältig zusammengelegt, damit sie noch weitere Male benutzt oder eventuell sogar noch vergrößert werden kann.

Anregungen zur Praxis

Zeitungsschwungtuch

Minizeitungen

Jedes Kind hat eine Zeitung, die es mit den Füßen so weit wie möglich zusammenfalten soll. Wie klein kann die Zeitung dabei werden? Kann man auf dieser „Minizeitung" auch noch stehen? Das Papier kann auch mit den Füßen zusammengeknüllt werden.

Spiele mit Regeln

Lauf- und Reaktionsspiele

Die Zeitungsblätter werden einmal zusammengefaltet und auf den Boden gelegt. Die Kinder laufen um alle Zeitungen herum und sollen auf ein Zeichen der Erzieherin (Klatschen, Trommeln o. Ä.) einen Platz auf einer Zeitung finden (eventuell kann gemeinsam mit den Kindern verabredet werden, in welcher Form sie sich auf den Zeitungen einfinden sollen: auf einem Bein stehend, sitzend, in der Bauchlage usw.).

Zeitungsinseln

Die auf dem Boden liegenden Zeitungen stellen Inseln in einem Meer dar, auf die sich die Kinder retten, wenn ein großer Sturm aufkommt. Sie „schwimmen" (laufen) um alle Inseln herum und suchen sich auf ein Signal der Erzieherin (Trommelwirbel oder mit der Stimme dargestellte Sturmgeräusche) eine Insel.

Die Wellen überschwemmen bei jedem Spieldurchgang eine Insel, sodass immer weniger Inseln vorhanden sind (bei jedem Durchgang einige Zeitungen wegnehmen). Auf einer Insel müssen daher immer mehrere Kinder gleichzeitig stehen. Wie viele Kinder passen auf eine „Insel"?

Tücher und Stoffreste

Tücher und Stoffreste

Die vielseitigen Möglichkeiten, die Staubtücher, Putztücher, ausrangierte Bettlaken oder einfache Stoffreste für eine kreative Bewegungserziehung beinhalten, entdeckt man oft erst auf den zweiten Blick.

Je nach Größe der Tücher können auch mehrere Kinder gleichzeitig damit spielen (z. B. Bettlaken), bei kleineren Tüchern sollte für jedes Kind ein Tuch vorhanden sein.

(Weitere Spielideen zum Einbeziehen von Bettlaken, Küchentüchern und Wolldecken in spannende, kreative Bewegungsspiele siehe auch Zimmer, 2009a).

Spielideen

- Jedes Kind hat zwei Staubtücher. Es stellt sich mit beiden Füßen drauf, auf glattem Boden kann man darauf rutschen und gleiten.
- Rollerfahren: Man kann auch nur einen Fuß auf das Staubtuch setzen, mit dem anderen stößt man sich vom Boden ab.
- Mit beiden Füßen auf einem Staubtuch stehen und sich so fortzubewegen versuchen.
- „Sitzkarussell": Die Kinder sitzen auf ihren Staubtüchern und versuchen, sich so schnell wie möglich um die eigene Achse zu drehen (Füße vom Boden abheben und Knie an den Bauch heranziehen).

Anregungen zur Praxis

Tragetuch

Spielthemen

Transporttuch
Ein Kind setzt sich auf sein Tuch und wird von einem anderen an den Händen oder Füßen durch den Raum gezogen. Jedes Paar probiert aus, welche Möglichkeiten des „Abschleppens" es gibt.

Tragetuch
Auf dem Tuch kann man nicht nur andere Kinder abschleppen, man kann auch Gegenstände darauf transportieren. So können z. B. Bälle, Tennisringe oder sogar Keulen auf dem am Boden liegenden Tuch vorsichtig von einer Stelle zur anderen gezogen werden.

Schleudertuch
Zwei Kinder fassen das Tuch mit beiden Händen an den Ecken. Sie legen einen Ball auf das Tuch und schleudern ihn hoch, indem sie gleichzeitig an allen Ecken ziehen. Der Ball fliegt hoch – kann er auch wieder mit dem Tuch aufgefangen werden?

Spiele mit Regeln

Schwänzchen fangen

Jedes Kind steckt sich ein Tuch mit einem Zipfel in den oberen Rand seiner Hose, sodass es wie ein Schwänzchen über dem Po hängt. Jeder darf nun jedem sein Schwänzchen abjagen (eventuell kann er sich das erjagte Schwänzchen wieder selbst anstecken).

Fußgreifspiele mit Tüchern

Bei den folgenden Spielideen geht es darum, die Greiffähigkeit der Zehen zu üben, die Fußbeweglichkeit zu verbessern, aber auch die Fantasie zu wecken: Was kann man tun, wenn die Aufgabe gestellt wird, einmal ganz ohne die Hilfe der Hände auszukommen? Wie kann man sich allein mit den Füßen behelfen? Mit den Zehen kann man greifen und sogar malen, aber man muss es ein wenig üben, damit die Füße beweglicher werden.

Spielideen

- Die Tücher liegen im Raum verteilt auf dem Boden. Die Kinder versuchen, die Tücher nur mit den Zehen aufzugreifen.
- Die Tücher sollen mit den Zehen einem anderen Kind weitergegeben werden.
- Die Tücher werden mit den Zehen aufgegriffen und sollen im Hüpfen zu einem Reifen, der in der Mitte des Raums liegt, transportiert werden.
- Die Kinder setzen sich in einen Kreis auf den Boden und geben sich ein Tuch nur mit den Füßen weiter.

Fußtransport

An den Seiten des Raums liegt für jedes Kind ein Reifen. Aus der in der Mitte stehenden Kiste kann es sich nun so viele Tücher holen, wie es will und sie zu seinem Reifen bringen. Jedes Tuch muss allerdings einzeln transportiert werden. Für das Aufgreifen und Festhalten dürfen nur die Zehen eingesetzt werden. Abschließend wird gezählt, wie viele Tücher die Kinder in ihrem Reifen haben.

Anregungen zur Praxis

Fußgreifspiel mit Tüchern

Sport und Spiel im Kindergarten

3.5 Reifen und Ringe

Zum Rollen und Schieben,

Kriechen und Springen,

Tragen und Balancieren

Kreiseln und Drehen.

Holz- und Plastikreifen gehören zu den traditionellen Geräten der Bewegungserziehung. Am besten sind sie in größeren Räumen einzusetzen, denn das Rollen und Drehen benötigt Platz. Das Rollen der Reifen erfordert darüber hinaus eine glatte, ebene Unterfläche, im Freien auf einer Wiese lassen sich diese Bewegungsformen also weniger gut ausführen. Als Alternative für die Gymnastikreifen können hier Autoreifen verwendet werden; aufgrund ihrer breiten Auflagefläche kann man sie gut über die Wiese rollen und weitere Spiele mit ihnen erfinden. Die Holz- und Plastikreifen gibt es in unterschiedlichen Größen; für Kinder im Kindergartenalter ist ein Durchmesser von 60-70 cm geeignet.

Im freien Spiel mit den Reifen sollen die Kinder selbstständig ausprobieren, was man mit ihnen machen kann. So können sie am ehesten die spezifischen Eigenschaften der Geräte herausfinden.

Spielideen

- Der Reifen wird so angestoßen, dass er durch den Raum rollt. Richtung und Geschwindigkeit können durch das Anstoßen des Reifens variiert werden.
- Wer ist schneller – die Reifen oder die Kinder? Die Kinder stoßen den Reifen so an, dass er in den Raum rollt, laufen ihm dann schnell hinterher, dass sie ihn noch einholen oder ihn sogar überholen und dann einfangen.
- Auch die Erzieherin kann jeweils für einzelne Kinder die Reifen anschieben, diese versuchen dann, ihren Reifen einzuholen.
- Der Reifen kann sich auch ganz schnell auf der Stelle kreiseln, wenn man ihn mit den Händen andreht.
- Den Reifen kreiseln lassen und hineinspringen, sobald er flacher über dem Boden dreht. Hier gilt es, den richtigen Zeitpunkt zu finden, an dem man in den sich bewegenden Reifen springen kann.
- Zwei Kinder rollen sich einen Reifen gegenseitig zu.

Reifentunnel

- Der Partner stellt den Reifen senkrecht auf den Boden, das andere Kind versucht, hindurchzukriechen.
- Vielleicht gelingt das Hindurchkriechen auch durch den (langsam) rollenden Reifen?
- Die Reifen liegen auf dem Boden; die Kinder probieren verschiedene Formen des Springens, Hüpfens und Kriechens an den Reifen aus (vorwärts, rückwärts und seitwärts, einbeinig und beidbeinig hinein- und heraus- oder sogar überspringen).
- Die Reifen werden in einer langen Reihe hintereinander auf den Boden gelegt, die Kinder laufen über die Reifenstraße, springen von Reifen zu Reifen oder laufen im Slalom um alle Reifen herum.
- „Reifentunnel": Die Reifen werden in einer Reihe senkrecht auf den Boden gestellt und von einem Teil der Kinder gehalten. Die anderen dürfen durch den Reifentunnel kriechen.

Spielthemen

Autospiele
Der Reifen stellt das Lenkrad eines Autos dar, das die Kinder durch den Raum steuern. Im Raum verteilt finden sich einige Hindernisse, die umfahren werden sollen. (Mit dem Reifen kann man sich in die Kurven legen, man kann dazu Autogeräusche nachahmen und muss immer darauf achten, dass keine Zusammenstöße passieren.) Jedes Kind sucht selbst aus, welches Fahrzeug es spielt (ein knatterndes Motorrad, ein schnelles Auto, ein tuckernder Traktor, ein rasender Polizeiwagen oder ein Krankenwagen im Einsatz, mit Blaulicht und entsprechenden Geräuschen).

Spiele mit Regeln

Reifen kreiseln lassen
Alle Kinder haben einen Reifen und lassen ihn kreiseln. Dann laufen sie um alle Reifen herum und achten darauf, ob einer der Reifen zu Boden zu fallen droht. Er wird schnell wieder angedreht, sodass möglichst alle Reifen in Bewegung bleiben.

Straßenverkehr
Wie im Straßenverkehr einer Stadt gibt es in der Mitte des Raums eine Ampel, die den Autofahrern befiehlt, ob sie halten müssen oder ob sie weiterfahren dürfen. Die Erzieherin hat ein grünes, ein gelbes und ein rotes Tuch. Hält sie das rote Tuch hoch, heißt dies, dass die Ampel rot ist und alle Autofahrer anhalten müssen. Wird das gelbe Tuch gezeigt, heißt dies, dass bald die Farbe wechselt, die Autofahrer müssen dann also besonders aufmerksam sein. Bei Grün dürfen die Autofahrer wieder losfahren.

Den Platz wechseln
Die Reifen liegen im Raum verteilt auf dem Boden. Jedes Kind hat einen Platz in einem Reifen. In der Mitte steht ein Kind (ohne Reifen). Auf seinen Zuruf: „Platz wechseln!", müssen alle Mitspieler ihre Reifen verlassen und sich einen neuen Reifen suchen. Da auch das in der Mitte stehende Kind einen Reifen besetzt, bleibt eines übrig. Es darf nun den neuen Ansager spielen.

Reifenwanderung
Alle Kinder fassen sich an den Händen und bilden so einen Kreis. Auf die gefassten Hände eines Paares wird ein Reifen gelegt. Jetzt sollen alle Kinder versuchen, nacheinander – ohne die Hände loszulassen – durch den Reifen zu steigen und ihn damit zum nächsten Kind wandern zu lassen. Bei mehr als sechs Personen können zwei Kreise gebildet werden.

Flüsterkette *(eventuell zum Abschluss einer Übungsstunde)*
Alle Kinder sitzen in ihrem Reifen und schließen die Augen. Die Erzieherin flüstert leise den Namen eines Kindes. Dieses bringt seinen Reifen zur Erzieherin und flüstert einen neuen Namen. Das Spiel wird so lange wiederholt, bis alle Kinder bei der Erzieherin und die Reifen aufeinander aufgetürmt sind.

Sport und Spiel im Kindergarten

Tennisringe

Tennisringe

Die Tennisringe haben einen Durchmesser von ca. 7 cm und sind aus Kunststoffmaterial (Plastik oder Gummi). Im Freien verwenden Kinder sie gerne für Zielwürfe auf Stöcke, die in den Boden gesteckt sind. Im Bewegungs- oder Gruppenraum kann man stattdessen z. B. Stühle mit Lehne und Sitz auf den Boden kippen, sodass die Tennisringe über die Stuhlbeine geworfen werden können.

Spielideen

- Die Ringe auf verschiedenen Körperteilen balancieren (eine „Krone" auf dem Kopf tragen, einen „Rucksack" auf dem Rücken schleppen, ein „Tablett" auf den Händen balancieren usw.).
- Sich mit der „Krone" auf dem Kopf hinsetzen. Versuchen, sich hinzuknien und wieder aufzustehen, ohne dass die Krone herunterfällt.
- Den Ring hochwerfen und wieder aufzufangen versuchen.
- Den Ring mit den Händen hochwerfen und mit einem Fuß aufzufangen versuchen (mit der Fußspitze in den Ring hineinschlüpfen).
- Den Ring zwischen die Knie klemmen und damit durch den Raum hüpfen.
- Den Ring mit den Füßen vom Boden aufheben, ohne dass hierzu die Hände zu Hilfe genommen werden müssen.
- Den Ring über den Boden rollen und ihm nachlaufen.

Spiele mit Regeln

Die Königin befiehlt

Eines der Kinder hat den Tennisring. Der Tennisring stellt die Krone der Königin dar, die ihrem Königreich allen Untertanen befehlen darf, wie sie sich fortzubewegen haben. Die Königin trägt die Krone auf dem Kopf, sie sagt: „In meinem Königreich sollen alle hüpfen", oder: „... alle kriechen über den Boden." Die Rolle der Königin wechselt, wenn das Kind, das die Krone trägt, diese an ein anderes weitergibt.

3.6 Spiele für zwei

Laufen und fangen

führen und folgen,

ziehen und schieben,

suchen und finden.

Bewegungsspiele zu zweit sind unter allen räumlichen Bedingungen durchführbar: im ausgeräumten Gruppenraum ebenso wie in einer Gymnastik- oder Turnhalle, im Freien auf der Spielwiese oder auf einem Hof. Selbst wenn der Kindergarten nur über wenige Sportgeräte verfügt, der Partner kann mit seinem Körper selbst zum „Gerät" werden. Er kann z. B. ein Hindernis darstellen, das sich verändert und sich sogar selbst bewegen kann; er ist gleichzeitig Mitübender, Helfer oder auch Gegner.

Anstelle der Auseinandersetzung mit einem Gerät wird hier die Konzentration auf den Partner gelenkt, das Miteinanderspielen – oder auch das Gegeneinander – steht im Vordergrund. Zur Lösung der Bewegungsaufgabe ist der Partner unentbehrlich, denn die Aufgabenstellung setzt das Vorhandensein zweier Kinder voraus.

Partneraufgaben sind natürlich auch unter Einbeziehung von Geräten und Spielobjekten möglich. Dies bietet sich vor allem dann an, wenn nicht für alle Kinder genügend Geräte zur Verfügung stehen. Aber nicht nur organisatorische, sondern auch pädagogische Gründe sprechen dafür, dass bereits im Kindergartenalter Bewegungsspiele in Form von Partneraufgaben angeboten werden sollen:

Wichtige soziale Erfahrungen werden gewonnen, denn durch das gemeinsame Spielen und Üben von Geschickten und weniger Geschickten, von Älteren und Jüngeren werden Kinder dazu herausgefordert, Rücksicht aufeinander zu nehmen, sich gegenseitig zu helfen und sich zu unterstützen. Sie müssen sich aufeinander einstellen, die unterschiedliche Leistungsfähigkeit berücksichtigen und sich einander anpassen.

Bei allen Partnerspielen sollte auf häufigen Rollentausch geachtet werden; auch sollten die Partner ab und zu einmal wechseln, um die Kontakte der Kinder zu erweitern. Allerdings muss auch berücksichtigt werden, dass nicht alle Kinder auf Anhieb dazu fähig sind, mit einem anderen Kind gemeinsam ein Spielgerät zu teilen und sich auf Spielmöglichkeiten zu beschränken, die zu zweit durchführbar sind.

Die Erzieherin muss das Verhalten der Kinder aufmerksam beobachten und auf besondere Probleme feinfühlig reagieren. Insbesondere für Kinder, die ohne Geschwister aufwachsen, ist es nicht selbstverständlich, sich bei einer Spielidee mit anderen abzusprechen und sich mit ihnen auseinanderzusetzen.

Es gibt auch (vor allem jüngere) Kinder, die überhaupt nicht bereit sind, bei den Partneraufgaben mitzumachen und mit einem anderen Kind gemeinsame Bewegungsaufgaben zu lösen. Ihnen sollte die Erzieherin Zeit lassen, sich an bestimmte Sozialformen zu gewöhnen. Vielleicht kann sie sich selbst als Partnerin des Kindes anbieten.

Spielthemen

Freunde suchen
Alle Kinder laufen durch den Raum. Auf ein vorher vereinbartes Zeichen (Klatschen, Musikstopp usw.) sucht sich jedes Kind einen Partner, mit dem es dann weiterläuft. Wenn das nächste Zeichen ertönt, bleiben alle stehen und jeder sucht sich einen neuen Freund.

Spiegelbild
Einer der beiden Partner macht eine Bewegung vor, der andere stellt sein Spiegelbild dar. Er versucht, die Bewegungen genau nachzuahmen. Dabei können Situationen vorgegeben werden, in denen Kinder wirklich in einen Spiegel gucken und sich dort sehen: abends beim Waschen und Zähneputzen, beim Anprobieren eines neuen Kleidungsstücks usw.

Führen und Folgen
Zwei Kinder stehen sich gegenüber und fassen sich an den Händen. Eines von ihnen schließt die Augen und wird von dem anderen durch den Raum geführt. Der Führende ist verantwortlich dafür, dass sein Partner nirgendwo anstößt und auch kein anderes Paar berührt.

Führen und folgen

(Eventuell können konkrete Situationen gespielt werden: Ein Blindenführer führt den Blinden durch eine Einkaufsstraße, in der sich auch viele andere Menschen befinden.)

Zur Erschwerung können im Raum auch einige Hindernisse (Bänke, Stühle) aufgestellt werden, um die der „Blinde" herumgeführt wird.

Lebende Hindernisse
Der Partner bildet ein Hindernis, über das man steigen, klettern, springen oder laufen oder unter dem man hindurchkriechen oder -rutschen kann:

- Ein Kind legt sich z. B. mit ausgebreiteten Armen und Beinen in die Bauchlage auf den Boden. Sein Partner überspringt Arme, Beine und den Rücken.
- Einer kniet sich in Bankstellung auf den Boden, der andere kriecht im Wechsel unter der „Bank" durch und steigt über sie auf die andere Seite.
- Im Sitzen breitet der Partner beide Arme zur Seite aus; der andere springt über die unterschiedlich hoch gehaltenen Arme.

Aufzug
Beide Kinder setzen sich Rücken an Rücken auf den Boden und versuchen, gleichzeitig aufzustehen, ohne dass die Hände auf den Boden gestützt werden. Der „Aufzug" kann auch wieder herunterfahren (sich setzen).

Sitzfangen
Beide Kinder sitzen auf dem Boden und versuchen, sich gegenseitig mit den Füßen zu fangen (um Verletzungen zu vermeiden, sollten möglichst alle Kinder barfuß sein).

Baumstammrollen
Zwei Kinder liegen sich gegenüber, haben die Arme ausgestreckt und fassen sich an den Händen. Können sich beide nun gleichzeitig zur Seite wälzen, sodass sie auf dem Rücken liegen? Wie ein Baumstamm kann man sich so gemeinsam mehrfach über den Boden rollen (am besten gelingt das Rollen auf einer abschüssigen Wiese oder einem kleinen Hang; vielleicht lässt sich mit Matten und anderen Geräten auch im Bewegungsraum so ein kleiner „schräger Hang" herstellen).

Sitzfangen

Torlauf
Zwei Kinder stehen sich gegenüber, heben die Arme hoch und fassen sich an beiden Händen. So entsteht ein Tor, durch das alle anderen Paare laufen können. Irgendwo im Raum bilden sich wieder neue Tore.

Kräfte zu messen, sich zu vergleichen, zu rangeln und zu raufen sind natürliche Bedürfnisse von Kindern. Auch im Kindergartenalter können kleine „Raufspiele" dazu beitragen, dass Kinder lernen, mit ihrem Körper und ihren Kräften umzugehen. Die folgenden Spielideen stehen daher unter diesem Motto.

Herauf und herunter
Zwei Kinder halten sich an beiden Händen, wobei das eine Kind auf einer Matte/Matratze steht und versucht, das andere Kind, das sich außerhalb der Matte befindet, auf die Matte zu ziehen. Alternativ kann auch das Kind neben der Matte versuchen, das andere von der Matte herunterzuziehen.

Mein Schatz oder deiner?

Mein Schatz oder deiner?
Zwei Kinder liegen sich in Bauchlage gegenüber auf einer Matte und strecken ihre Arme nach vorn, sodass beide einen Ball (den „Schatz"), der zwischen ihnen liegt, mit den Fingerspitzen berühren. Da beide Kinder den Schatz gerne hätten, können sie nun versuchen, den Ball zu sich unter den Bauch zu ziehen.

Einen Schrank verrücken
Bei dieser Spielidee steht ein Schiebekampf im Mittelpunkt. Zwei Kinder (oder auch mehrere Kinder) versuchen, jeweils eine Matratze/Matte (den „Schrank") auf den von ihnen bevorzugten Platz zu verrücken, indem sie von beiden Seiten kräftig gegen die Matratze drücken.

3.7 Spiele für viele

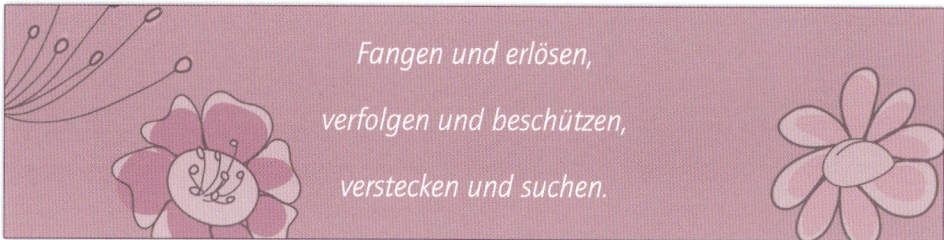

*Fangen und erlösen,
verfolgen und beschützen,
verstecken und suchen.*

Spiele in der Gruppe sind bei Kindern im Kindergartenalter noch nicht gleichzusetzen mit Gruppenspielen mit festem Regelwerk, mit Mannschafts- oder sogar Staffelspielen.

Kinder dieser Altersstufe wollen am liebsten immer alle gleichzeitig mitmachen und jeder will für sich „Sieger" sein.

Eine bestimmte Reihenfolge – wie dies bei Staffeln üblich ist – würde nur Unruhe aufkommen lassen und lange Wartezeiten lassen den Spieleifer schnell erlahmen. Regelspiele sind daher so zu vereinfachen, dass der Ablauf und das Ziel des Spiels allen Kindern verständlich ist, dass keine Wartezeiten entstehen und dass bei einer notwendigen Aufteilung in Gruppen diese für die Kinder leicht unterscheidbar sind (Kennzeichnung durch farbige Bänder usw.).

Am beliebtesten sind einfache Lauf- und Fangspiele, die auch dem Bewegungsdrang der Kinder am ehesten gerecht werden.
Die Spielregeln sollten einfach und überschaubar sein (einer fängt alle – alle fangen einen) und schrittweise differenziert werden. Alle Regeln sollten von den Mitspielern verstanden und eingesehen werden und zur Variation des Spielverlaufs auch von ihnen selbst verändert werden können.

Kinder, die „abgeschlagen" oder gefangen werden, sollten auf keinen Fall aus dem Spiel ausscheiden müssen. Gerade sie haben das Üben und Wiederholen der Spielabläufe am meisten nötig. Die Spielregeln sollten daher so gestaltet werden, dass sie nach einer kurzen Ruhepause durch „Erlösen" oder „Freigeschlagenwerden" wieder teilnehmen können.
Werden die Fangspiele im Freien durchgeführt, können die Kinder sich zwar ungehindert austoben, die Spielfläche sollte jedoch auch hier eingegrenzt werden. Nur so ist gewährleistet, dass nicht einzelne Kinder

bei Fangspielen überfordert werden oder zu lange Zeit erfolglos hinter den anderen hinterherlaufen und so die Lust am Spiel verlieren. Die Spiele in der Gruppe stellen eine Weiterführung der Partnerspiele dar. Das Kind lernt hier, sich auf mehrere Mitspieler einzustellen, eigene Bedürfnisse auch einmal zugunsten von Gruppeninteressen zurückzustellen.

Es lernt darüber hinaus aber auch, Rollen im Sinne des Spielverlaufs zu übernehmen, dementsprechend zu handeln und auch in neue Rollen hineinzuschlüpfen.

Fangspiele

Alle fangen einen
Die Erzieherin (oder ein Kind) soll von der ganzen Gruppe gefangen werden. Wer sie als Erster erreicht und berührt, ist beim nächsten Spieldurchgang derjenige, der gefangen wird.

Variation Hut abjagen
Derjenige, der abgeschlagen werden soll, hat einen alten Hut auf dem Kopf. Die anderen verfolgen ihn und versuchen, ihm den Hut vom Kopf zu ziehen. Wer dies schafft, darf sich den Hut aufsetzen, er wird als Nächster gefangen.
    Damit es nicht zu Raufereien kommt und sich nicht alle Kinder auf einen stürzen, sollten bei einer größeren Gruppe mehrere Hüte ins Spiel gebracht werden.

Wäscheklammern fangen

Schlangenkopf
Die Kinder bilden durch Schulterfassung eine lange Schlange. Nun versucht der „Schlangenkopf" (das erste Kind der Schlange), den „Schlangenschwanz" (das letzte Kind in der Reihe) zu berühren. Wenn dies dem „Kopf" der Schlange gelungen ist, geht der „Schwanz", also das letzte Kind, an den Anfang der Schlange und darf das Spiel fortsetzen.

Wäscheklammern fangen!
Die Gruppe bildet einen Kreis mit Handfassung. Ein Fänger außerhalb des Kreises hat nun die Aufgabe, ein Kind im Kreis zu fangen, das eine Wäscheklammer am Rücken befestigt hat. Die Kinder im Kreis dürfen das Kind mit der Wäscheklammer schützen, indem sie sich in verschiedene Richtungen drehen. Dem Fänger sind allerdings auch Richtungswechsel erlaubt, er darf aber

nicht durch den Kreis hindurchlaufen. Bei großen Gruppen sollten zwei Kreise gebildet werden, da es sonst zu schwer für den Wäscheklammerjäger wird, an das Kind mit der Wäscheklammer heranzukommen.

Gondoliere
Zwei Kinder fassen sich an beiden Händen und bilden so eine Gondel. Ein drittes befindet sich in der Gondel. Der Fahrgast versucht nun, gemeinsam mit seiner Gondel Fahrgäste anderer Gondeln zu berühren. Dann dürfen die Fahrgäste die Gondeln tauschen.

Einer fängt alle
Ein Kind spielt den Fänger. Es ist gekennzeichnet durch ein buntes Band und verfolgt die anderen, bis es ihm gelingt, jemanden abzuschlagen. Dies wird der neue Fänger (ihm wird auch das Band weitergegeben).

Schiffe versenken
Jedes Kind bekommt ein Schiff (Reifen), mit dem es über das Meer fahren kann. Ein Pirat treibt jedoch sein Unwesen und versucht, die Schiffe zu versenken, indem er mit der Kanonenkugel (z. B. Schaumstoffball) ins Schiff hineinwirft (Ball muss durch den Reifen).

Schiffe versenken

Wurde ein Schiff versenkt, kann es aber wieder an die Meeresoberfläche gezogen werden, indem ein anderes Schiff es „abholt", d. h., das Kind stülpt seinen Reifen über das Schiff des anderen Kindes, sodass beide nun zu zweit in zwei übereinanderliegenden Reifen weiterfahren (dabei dürfen die Schiffe nicht vom Piraten attackiert werden). Je nachdem, wie viele man rettet, wird es immer enger in einem Schiff.

Vorher kann eine Anzahl Kinder (z. B. drei oder vier) festgelegt werden, bei der ein Schiff dann „endgültig" auf den Meeresboden versenkt wurde (Kinder bleiben im Reifen sitzen).

Nimm schnell
Bei dieser Spielidee geht es darum, möglichst schnell einen kleinen Gegenstand (z. B. ein Sandsäckchen) loszuwerden, denn nur wer das Sandsäckchen in der Hand hält, darf von einem vorher festgelegten Fänger

abgeschlagen werden. Das Sandsäckchen sollte aber nicht zum Mitspieler geworfen werden, um sich vor dem Fänger zu schützen, es darf lediglich übergeben werden.

Fangen mit Freimal
In der Mitte des Raums liegt ein Reifen. Wer in dem Reifen steht oder sitzt, darf nicht abgeschlagen werden. Im Reifen darf jedoch immer nur ein Kind sitzen; kommt ein neues hinzu, muss derjenige, der sich schon im Reifen befindet, weichen. (Bei einer größeren Gruppe von Kindern können auch zwei oder drei Reifen ausgelegt werden.)

Fangen mit Erlösen
Wer bei dem Fangspiel abgeschlagen wurde, setzt sich auf den Boden. Ein anderes Kind kann ihn erlösen, indem es ihn berührt und „frei" ruft.

Spannend wird das Spiel, wenn schon einige Kinder am Boden sitzen und nur noch wenige sie erlösen können. Vielleicht schafft es der Fänger, alle Kinder abzuschlagen, sodass zum Schluss alle am Boden sitzen.

Spiel mit mehreren Fängern
Jedes abgeschlagene Kind wird zum Mitfänger und erhält ebenso wie der Fänger ein buntes Band zur Kennzeichnung. Wer als Letzter übrig bleibt, darf bei der nächsten Spielwiederholung den neuen Fänger spielen.

Besonderen Spaß machen die Fangspiele, wenn Fänger und Läufer bestimmte Rollen spielen, die in eine komplexere Spielhandlung eingebettet sind:

Den Riesen wachkitzeln
Ein Kind spielt einen Riesen, der sehr kitzelig ist. Immer wenn er müde wird, legt er sich zum Mittagsschlaf in eine Ecke des Raums. Die Kinder schleichen sehr leise heran – möglichst so lautlos, dass der Riese sie nicht bemerkt. Sie wollen den Riesen wachkitzeln. Kaum haben sie ihn berührt, springt er auf und versucht, sie zu fangen. Abgeschlagene Kinder sperrt er in einen Käfig (Reifen) ein. Bald wird er jedoch wieder müde und legt sich zum Schlafen.

Die Kinder befreien zuerst die Gefangenen aus dem Käfig und ärgern dann wieder den schlafenden Riesen ....

Krakenfangen
Der Raum verwandelt sich in eine Meereslandschaft. Auf der einen Seite befindet sich ein Kind, das eine Krake spielt, auf der anderen Seite des Raums befinden sich alle anderen Kinder. Nun versucht die Krake, die ihr entgegenkommenden Kinder zu fangen, sie darf aber nur in eine Richtung laufen und sich nicht umdrehen, um weitere Kinder zu verfolgen. Wenn Kinder von der Krake berührt werden, bleiben sie dort stehen und breiten ihre Krakenarme aus, da sie nun ebenfalls kleine Kraken sind. Der Raum für die Kinder zum Wechseln auf die andere Seite der Meereslandschaft wird nun immer kleiner, da auch die kleinen Kraken mithilfe ihrer Krakenarme die noch freien Kinder verwandeln können.

Anregungen zur Praxis

Fangspiel

Aus dem Gefängnis befreien

Im Bewegungsraum werden an diagonal gegenüberliegenden Ecken zwei Gymnastikmatten ausgelegt. Die eine stellt die „Freiinsel" dar, die andere ist die „Gefängnisinsel" Auf jeder Matte stehen etwa gleich viele Kinder. Aufgabe der „freien" Mitspieler ist es nun, die Gefangenen aus dem Gefängnis zu befreien, indem sie hinüberlaufen, einen „Gefangenen" am Arm nehmen und diesen auf die Freiinsel bringen. Allerdings wird das Gefängnis bewacht: Zwei Polizisten passen auf, dass die Gefangenen nicht befreit werden und versuchen, die anderen Kinder zu fangen.

Blinder Fänger

Die Kinder sitzen im Kreis, in der Mitte steht ein Kind, das die Augen verbunden hat. Jeweils zwei sich gegenübersitzende Kinder sollen nun die Plätze tauschen. Der blinde Fänger versucht, sie beim Laufen zu berühren. Wenn er erfolgreich war, wechselt er mit dem Kind, das er gefangen hat.

Verzaubern

Ein Kind spielt den Zauberer, es hat einen großen Zauberstab (bunt bemalte Papprolle), mit der es die anderen verzaubern kann. Wer vom Zauberer abgeschlagen wurde, muss in der Stellung stehen bleiben, die er bei der Berührung innehatte. Die verzauberten Kinder können von den anderen befreit werden, indem sie sich kurz in der gleichen Position vor sie stellen.

Reaktionsspiele

Die rote Feuerwehr
An Material werden vier Bänder oder Tücher in verschiedenen Farben benötigt. Die Erzieherin verabredet mit den Kindern Fortbewegungsformen, die zu den Farben passen (z. B. rot = rennen wie die Feuerwehr, grün = hüpfen wie ein Frosch, blau = fliegen wie ein Vogel, d. h. die Arme wie Flügel auf- und abbewegen, gelb = sich in die Sonne legen und ausruhen).

Sie zeigt nun jeweils eine Farbe, die Kinder bewegen sich entsprechend der vereinbarten Fortbewegungsform so lange, bis eine neue Farbe gezeigt wird.

Wenn die Voraussetzungen in der Gruppe eine weitere Variation der Spielbedingungen zulassen, kann die Erzieherin auch ohne zusätzliche Hinweise zwei Farben gleichzeitig zeigen. So ergeben sich aus der Kombination von rot und grün neue Bewegungsmöglichkeiten (schnell hüpfen – wie die „Froschfeuerwehr"). Hierbei sollten die Kinder allerdings selbst Lösungsmöglichkeiten finden, die dann auch mit der Gruppe besprochen werden können.

Hochwasser
Die Erzieherin erzählt den Kindern eine Geschichte, in der vom langen Regen und vom Wasser die Rede ist. Immer wenn das Wort „Hochwasser" auftaucht, sollen alle Kinder sich ganz schnell in Sicherheit bringen und steigen auf die im Raum befindlichen Stühle, Bänke oder andere, vom Boden erhöhte Gegenstände.

Weiterführung: Neben „Hochwasser" werden weitere Begriffsverbindungen vereinbart: Bei Zuruf „Feuer" laufen alle blitzschnell zur Eingangstür des Raums, bei „Sturm" suchen alle Schutz unter Geräten, Tischen und Stühlen, bei „Sonne" legen sich alle auf den Rücken und ruhen sich aus.

Auch diese Begriffe können in eine kleine Geschichte eingebunden werden, die Spannung des Spiels wird dadurch bei den Kindern noch erhöht. Zuvor sollte mit den Kindern besprochen werden, wie man sich bei den angegebenen Ereignissen verhalten könnte und es sollten auch einigermaßen sinnvolle und realistische Reaktionsformen vereinbart werden.

Verkehrspolizist
Ein Kind (oder die Erzieherin) stellt einen Verkehrspolizisten dar, der den Straßenverkehr regelt; die anderen Kinder sind Autos, die sich nach den Angaben des Polizisten richten müssen: Hält der Polizist den Arm hoch, müssen alle Autos stehen bleiben; streckt er den Arm zur Seite aus, dürfen sie weiterfahren.

Die Seiten wechseln
Die Kinder werden in vier Gruppen eingeteilt, die jeweils eine Gruppe von Tieren darstellen. Jede Gruppe stellt sich auf eine Seite des Raums. Die Erzieherin ruft nun zwei Tiergruppen auf, die miteinander die Plätze wechseln sollen (eventuell können die Kinder auch die entsprechenden Fortbewegungsformen der Tiere übernehmen).

Anregungen zur Praxis

Verkehrspolizist

Einen Schatz rauben

In der Ecke des Raums liegen viele Geräte und Gegenstände (Bälle, Reifen, Tennisringe, Schuhe, Tücher usw.). Die Kinder bilden Gruppen mit gleicher Anzahl. Sie sollen möglichst viele Gegenstände in ihre „Burg" (Reifen oder große Kiste) bringen, die Geräte müssen jedoch einzeln transportiert werden und dürfen nicht mit den Händen getragen werden (Bälle mit den Füßen rollen, Gummiringe auf dem Kopf tragen, Tücher zwischen die Knie klemmen usw.).

3.8 Wir machen Musik

*Geräusche und Klänge
mit Trommeln und Rasseln,
Glöckchen und Gläsern,
Dosen und Töpfen*

Anregungen zur Praxis

Musik löst bei Kindern meist ganz spontane Bewegungen aus. Beobachtet man z. B. Kleinkinder in ihren Reaktionen auf musikalische Impulse, dann stellt man fest, dass sie sich ganz unbefangen und kreativ zur Musik bewegen. Bereits 1-2-jährige Kinder – kaum können sie aufrecht stehen und frei laufen – wippen mit ihrem Körper, wenn sie rhythmische Musik hören; sie drehen sich um die eigene Achse und klatschen spontan mit, wenn ein Instrument erklingt oder ein Lied gesungen wird. Diese – scheinbar – angeborenen Fähigkeiten gilt es zu erhalten und weiterzuentwickeln.

Kinder lernen auch durch Nachahmung. Deswegen sollten Erwachsene sich ausdrücklich am Spiel beteiligen, einige Kinder brauchen ihr Vorbild, um zum Mitmachen ermutigt zu werden. Jüngere orientieren sich aber auch oft an älteren Kindern, deswegen sollte jüngeren Kindern auch das Zuschauen oder das „passive Mitmachen" zugestanden werden. Oft beteiligen sie sich dann ganz von selbst, wenn ihnen die Spielsituation schon vertrauter ist. Kinder brauchen zum Improvisieren und Experimentieren Zeit. Sie brauchen außerdem Wiederholungen, um sich den Text und die Melodie eines Liedes einzuprägen. Deswegen ist ein wiederholter Einsatz notwendig.

Wichtig ist, dass es bei allen Bewegungsvorgaben und Spielideen kein Richtig und kein Falsch, kein Gut oder Schlecht gibt. Jedes Kind verfügt über eigene, individuell durchaus verschiedene Ausdrucksmöglichkeiten und sollte diese auch äußern können. Die nachhaltigsten Wirkungen auf die kindliche Entwicklung haben der Spaß und die Freude, die mit dem Tanzen, Singen und Spielen verbunden sind.

Impulse für die rhythmische Anpassung der Bewegung können gegeben werden durch Verse und Abzählreime, durch Sprechrhythmen, Ton- und Klanginstrumente, Geräuschmaterialien oder durch körpereigene „Instrumente", wie Klatschen, Schnipsen oder Stampfen. Ein Instrument (Gitarre, Klavier, Flöte), das von der Erzieherin gespielt wird, kann die Bewegung der Kinder besonders eindrucksvoll begleiten. Auch die Einbeziehung von Spielliedern und von Musik unterstützt die rhythmisch-musikalischen Ausdrucksformen der Kinder (siehe hierzu auch Zimmer & Vahle, 2012).

Variationen des Gehens

Die Kinder probieren verschiedene Formen der Fortbewegung aus:

- leise schleichen,
- laut und kräftig stampfen,
- auf den Zehenspitzen trippeln,
- auf den ganzen Fußsohlen „watscheln",
- „steifes" Gehen: mit durchgedrückten Knien gehen,
- mit gebeugten Knien gehen,
- schlurfen usw.,
- torkeln,
- sich drehen.

Die Kinder versuchen, die verschiedenen Formen des Gehens auf einer Trommel zu begleiten. Welche Begleitungsformen sind für das Schlurfen, Trippeln, Watscheln, Stampfen, Schleichen geeignet? Bewegt euch im Wechsel stampfend und schleichend durch den Raum.

Statt verbaler Aufforderung gibt die Trommel die Art der Fortbewegung an. Schaffen es die Kinder, herauszufinden, zu welcher Fortbewegungsform durch das Klanginstrument aufgerufen wird?

Körpereigene „Instrumente"

Wie kann man mit dem eigenen Körper Geräusche erzeugen?

- in die Hände klatschen,
- mit den Fingern schnipsen,
- auf den Boden oder auf eigene Körperteile klatschen,
- mit den Füßen stampfen.

Bewegungsbegleitung

Eine Kindergruppe hüpft und galoppiert durch den Raum, eine andere Gruppe versucht, das Hüpfen durch Klatschen zu begleiten. Zusätzlich können weitere Kombinationen von Bewegungsformen und körpereigener Begleitung vereinbart werden:

Mit beiden Händen auf den Boden trommeln, bedeutet Schleichen, in die Hände klatschen, bedeutet aufrechtes Gehen, mit den Fingern schnipsen, bedeutet auf den Fußspitzen gehen, mit den Füßen auf den Boden stampfen, heißt, dass auch die Vorwärtsbewegung im Stampfen ausgeführt werden soll.

Eine kleine Gruppe von Kindern (die Zahl sollte sich auf 3-4 Kinder beschränken, damit die Absprache untereinander nicht zu schwer fällt) gibt jetzt die Begleitung an, die andere bewegt sich dementsprechend.

Raketenstart

Zum Lösen von Spannungen oder Unruhe im Gruppenraum kann ein dynamisches Spiel mit Stimme und Bewegung hilfreich sein. Die Kinder spielen den Start einer Rakete. Dazu trommeln sie mit den Fingern erst leise und langsam dann immer lauter und schneller – dann klatschen sie mit der Hand auf den Tisch, ebenfalls mit zunehmender Lautstärke und Geschwindigkeit; sie stampfen mit den Füßen, erst leise und langsam, dann steigern sie die Bewegung; sie setzen dazu die Stimme ein, indem sie leise summen und brummen bis zum lauten Schreien. Lärm und Bewegung steigern sich mehr und mehr, die Kinder springen von ihren Plätzen auf, werfen mit lautem Schreien die Arme über sich – die Rakete ist gestartet und entfernt sich nun immer weiter, bis sie ganz verschwunden, kaum noch zu hören und fast nicht mehr zu sehen ist.

Astronauten landen auf Planeten
Die Kinder verwandeln sich in Astronauten und machen eine Reise zu den unterschiedlichsten Planeten. Nach dem gemeinsamen Klatschstart auf dem Boden fliegen alle Astronauten durch den Weltraum. Die Pädagogin nennt den ersten Planeten, auf dem sie landen: der Stampfplanet! Auf diesem Planeten ist allen Besuchern nur Stampfen erlaubt.

Bald geht es weiter zu den nächsten Planeten: zum Summplanet, dem Lachplanet, dem Flüsterplanet, dem Pfeifplanet. Die Kinder erfinden neue Planeten, die sie besuchen wollen.

Bewegte Namen
Auch die Vornamen der Kinder können in ein Spiel mit Rhythmus und Bewegung eingebunden werden: Wie kann der Name „Katharina" getanzt werden? Die Kinder rufen den Namen laut aus und versuchen dabei, eine passende Bewegungsform zu finden (Beispiel: „Ka – tha" = zwei Schritte vorwärts, „ri" = hochspringen mit einbeinigem Absprung, „na" = Landung auf beiden Füßen). Sie versuchen, herauszufinden, wie viele „Teile" (Silben) die Namen aller Kinder haben und wie sie in Bewegung umgesetzt werden können. Zu jeder Silbe kann z. B. ein Sprung oder ein Schritt ausgeführt werden.

Alle Kinder, deren Namen mit zwei Sprüngen darzustellen sind, dürfen dann 1 x gemeinsam springen. Danach sind alle diejenigen dran, die drei Sprünge benötigen usw.

Spielthemen

Roboter
Auch ein Roboter kann Vorbild für Bewegungsformen sein. Er bewegt sich eckig und abgehackt, unterbricht seine Bewegungen immer wieder und geht gerade oder aber eckige Raumwege. Eine entsprechende Musik kann die Bewegungsvorstellung unterstützen.

Experimente mit der Stimme
Die Kinder probieren aus, welche Töne, Laute und Geräusche sie mit ihrer Stimme erzeugen können: Flüstern, schreien, singen, sprechen, brummen, summen, mit der Zunge schnalzen.

Ein Kind ahmt die Laute eines Tieres nach, die anderen versuchen, herauszufinden, um welches Tier es sich handelt. Anschließend probieren sie die Bewegungen des Tieres zusammen mit den Tierlauten aus.

Beispiele

- lang gezogenes Muh = behäbige Kühe,
- pfeifen und flöten = flatternde Vögel,
- schrilles Kläffen = hin- und herspringender Dackel,
- tiefes Quaken = hüpfender Frosch.

Experimente mit der Stimme

Klanginstrumente und Geräuschmaterialien

Verschiedene Rhythmusinstrumente werden ausprobiert: Trommeln, Rasseln, Klangstäbe u. a.

Jedes Kind darf sich ein Instrument aussuchen und herausfinden, welche Töne und Klänge es darauf erzeugen kann. Auf den Instrumenten kann man ganz wilden Krach machen, man kann aber auch ganz leise auf ihnen spielen.

Weitere Materialien und Gegenstände, auf denen man Geräusche und Töne erzeugen kann, werden gesammelt:

- Waschmitteltonnen aus Pappe, die man als Trommeln benutzen kann.
- Blechdosen (Konserven, Marmeladeneimer usw.) in unterschiedlichen Größen, die mit der Öffnung nach unten aufgestellt werden und ebenfalls als Trommel oder als „Schlagzeug" dienen; ein Stock oder ein Löffel wird dabei als Schlaginstrument eingesetzt.
- Schellenbänder können hergestellt werden aus einem breiten Gummiband, an das mehrere Glöckchen genäht sind.
- Als Klanghölzer dienen zwei Bambusrohrstangen, die aneinandergeschlagen werden.
- Zwei Topfdeckel, die an den Griffen festgehalten und aneinandergeschlagen werden.
- Gläser mit Schraubverschluss, die zu einem Drittel mit Erbsen, Reis oder Kieselsteinen gefüllt sind, eignen sich als Rasseln.
- Gläser werden unterschiedlich hoch mit Wasser gefüllt; durch Anschlagen mit einem Löffel kann man auf ihnen verschieden hohe Töne erzeugen.

Anregungen zur Praxis

Unterscheiden der Tonhöhen
Die „Instrumente" werden als Klangkörper ausprobiert. Dann können diejenigen ausgesucht werden, die hohe, helle Töne erzeugen. Welche Gegenstände haben dagegen dumpfe, tiefe Klänge und Geräusche?

Töne und Geräusche differenzieren
Die Erzieherin erzeugt mit den Materialien unterschiedliche Geräusche. Die Kinder schließen die Augen und versuchen, die Geräusche den Gegenständen zuzuordnen.

Nicht nur die Gegenstände sollen erkannt werden, sondern auch die Art und Weise, wie mit ihnen Geräusche erzeugt wurden (mit den Fingerkuppen auf die Blechdosen trommeln, mit den Handflächen auf die Waschmitteltonne schlagen, die Schellenbänder auf den Boden fallen lassen usw.).

Das klappernde Gespenst
Zwei Kinder improvisieren mit den Klang- und Geräuschmaterialien, der Rest der Gruppe findet dazu entsprechende Bewegungsmöglichkeiten. Hilfreich ist es hierbei, auf konkrete Vorstellungsbilder zurückzugreifen, die die Kinder sowohl zu Klang- und Geräuschvariationen als auch zu fantasievollen Bewegungen herausfordern (z. B. Darstellen von Schlossgespenstern mit rasselnden Ketten, von klappernden Traktoren usw.).

Frage-Antwort-Spiel
Die Erzieherin gibt auf einer Trommel einen Rhythmus vor; die Kinder versuchen, die Klangimpulse durch Klatschen und Stampfen auf den Boden oder durch Spiel auf ihren Instrumenten wiederzugeben.

Wenn dieses Wechselspiel gelingt, können die Kinder auch dazu aufgefordert werden, den Rhythmus nicht nur zu wiederholen, sondern zu versuchen, eine „Antwort" auf die von der Erzieherin gestellte „Frage" zu geben.

Zirkustiere

In einem Zirkus treten verschiedene Tiere auf:

- Die Elefanten (schwerfällige, stampfende Schritte, eventuell kann mit einem Arm auch der Rüssel dargestellt werden).
- Die Affen hüpfen wild herum und klettern auch auf im Raum befindliche Gegenstände (hängen sich an die Sprossenwand usw.).
- Die Pferde galoppieren durch die Zirkusarena, sie wiehern dabei und zeigen sogar Kunststücke, indem sie sich beim Galoppieren drehen.
- Die Bären können auf zwei Beinen tanzen und haben eher langsame und schwerfällige Bewegungen.
- Die Tiger schleichen sich auf allen vieren aneinander heran, fauchen sich gegenseitig wütend an und rollen sich zur Seite.

Zunächst probieren alle Kinder gemeinsam die jeweiligen Tiere aus. Dann sucht sich jedes Kind aus, welches Tier es spielen möchte. Sie suchen sich Geräte, an, auf oder mit denen sie ihre Kunststücke vorführen können. Die Erzieherin kann zusammen mit einigen Kindern die Tiere im Zirkus begleiten: Mit einem Trommelwirbel wird jeder Auftritt einer Tiergruppe eingeleitet.

Zirkustiere

3.9 Ruhe und Entspannung

Kinder brauchen Bewegung – aber Kinder brauchen auch Ruhe. Beides zählt zu den Grundbedürfnissen von Kindern, deren Erfüllung für eine gesunde Entwicklung unverzichtbar ist.

Bewegung und Aktivität sind für das Kind genauso wichtig wie Ruhe und Stille. Aktivität und Ruhe stehen in einer engen Beziehung zueinander. Es gilt, die richtige Balance zwischen beiden zu finden. Dies ist im Alltag heute nicht mehr so einfach möglich: Bereits Kinder spüren die Folgen eines hektischen, ruhelosen Alltags. Sie wachsen in eine Gesellschaft hinein, in der Informationen jeder Art nahezu unbegrenzt verfügbar sind. Die modernen Medien stehen ihnen jederzeit offen, sitzend – in körperlicher Unbeweglichkeit nehmen sie eine Vielzahl an Eindrücken und Informationen auf, aber es fehlt ihnen die Möglichkeit, sie auf der körperbezogenen Ebene zu verarbeiten. Dies führt zu einem Missverhältnis von äußeren Anforderungen und inneren Verarbeitungsmöglichkeiten.

Das bewusste Erleben von Bewegung, Aktivität und Dynamik auf der einen Seite und Ruhe, Stille und Entspannung auf der anderen Seite hilft den Kindern, mit Belastungssituationen besser umzugehen und sich bei Bedarf zu konzentrieren. Damit ist eine bessere Selbstkontrolle möglich, sie wird nicht von den Erwachsenen verlangt und angeordnet, sondern im Spiel als lustvoll erfahren und als Erweiterung der eigenen Möglichkeiten erlebt (Zimmer, 2012).

Ziel der folgenden Spielanregungen ist es, eine Balance von Bewegung und Ruhe zu erreichen.

Das Bedürfnis nach Ruhe stellt sich bei den meisten Kindern erst dann ein, wenn sie sich ausgiebig bewegen konnten. Vor allem bewegungsfreudige Kinder hören immer wieder unvermittelt die Ermahnung der Erwachsenen, doch endlich einmal still zu sitzen, nicht so viel herumzurennen oder wenigstens mal fünf Minuten ruhig zu sein. Statt dieser verbalen Aufforderungen, die oft als Vorwurf empfunden werden, kann es für alle Beteiligten sehr viel hilfreicher sein, zunächst dem Bedürfnis nach Bewegung Raum zu geben. In diese Spielsituationen können dann Ruhephasen eingebaut werden.

Unterschiedliche Aktivierungsniveaus werden auch von Kindern als wohltuend erlebt. Körperliche Anstrengung verlangt nach Entspannung, in dieser Phase wird die eigene Körperwahrnehmung unterstützt und die Aufmerksamkeit nach „innen" gerichtet. Dabei dürfen die Ruhephasen zunächst allerdings nur geringe Anforderungen an die Konzentration der Kinder stellen, diese Einheiten sind daher vorerst kurz zu halten und die Reaktionen der Kinder aufmerksam zu beobachten.

In jeder Gruppe gibt es mindestens einen „Zappelphilipp". Anstatt ihn immer wieder zu ermahnen, doch endlich einmal ruhig zu sein, kann es für das Kind, aber auch für die Gruppe sehr hilfreich sein, wenn alle einmal in die Rolle des Zappelphilipps schlüpfen. Nach der ausgiebigen „Zappelzeit" ist es dann sehr wohltuend (für den echten Zappelphilipp wie für die anderen), eine „Ruhezeit" einzulegen, sich zu erholen und die Stille zu genießen.

In den folgenden Beispielen werden Bewegungsspiele und Ruhespiele so miteinander verbunden, dass Kinder eine Rhythmisierung ihrer Tätigkeiten, einen Wechsel von Aktivität und Stille, erleben (vgl. hierzu auch Zimmer, 2012).

Musik kann die Bewegungs- und Ruhephase unterstützen. Für die Bewegungszeit sollte ein rhythmisches, dynamisches Musikstück benutzt werden, für die Ruhephase ein getragenes, ruhiges Musikstück.

Zappeltanz

Bewegungsphase

Wir spielen Zappelphilipp: Der Zappelphilipp kann nicht ruhig sitzen, immer zappelt er herum. Er beginnt mit den Händen, schüttelt sie, dann schüttelt er die Schultern, den Oberkörper, sogar der Kopf wackelt hin und her, er schüttelt die Beine, den ganzen Körper. Der Zappelphilipp springt hin und her, hüpft auf der Stelle und im Raum umher.

Ruhephase

Der Zappelphilipp ist vom vielen Zappeln ganz erschöpft, er legt sich zum Ausruhen auf den Boden oder auf eine Matte.

Zappeltanz – Ruhephase

Verzaubert

Spielideen

> - Ein Kind spielt den Zauberer; er ist erkennbar an einem Zauberstab, mit dem er die anderen verzaubern kann. Die Erzieherin (oder ein anderes Kind) hat einen Gong, wenn er ertönt, ist der Zauber wieder aufgelöst.
> - Alle Mitspieler laufen durch den Raum und versuchen, dem Zauberer auszuweichen. Wer mit dem Zauberstab berührt wird, ist für kurze Zeit „versteinert": Wie ein steinernes Denkmal muss er ganz ruhig stehen bleiben.
> - Er darf sich erst wieder bewegen und weiterlaufen, wenn der Gongschlag ertönt. Dann sind alle versteinerten Mitspieler wieder frei und ein anderes Kind wird Zauberer.

Bei diesem Lauf- und Fangspiel wechseln Ruhe- und Bewegungsphasen innerhalb des Spiels ab, sie gelten nicht gleichzeitig für alle Kinder, sondern immer nur für einzelne Kinder. Damit ist eine individuelle „Dosierung" der Ruhe- und Bewegungszeiten möglich. Die Erzieherin beobachtet, wann die Ruhephasen abgebrochen werden sollten. Auch die Dauer des Fangens kann unterschiedlich lang ausfallen: Damit die Kinder diese Zeit mitbestimmen können, kann folgende Vereinbarung getroffen werden: Wenn der Fänger seine Rolle abgeben möchte, reicht er der Erzieherin den Zauberstab.

Feuer – Wasser – Sonne – Sturm

Bewegungsphase

Für dieses Reaktions- und Laufspiel werden zunächst die Regeln vereinbart: Bei „Feuer" laufen die Kinder ganz schnell in eine bestimmte Ecke des Raums, bei „Wasser" steigen sie auf Bänke, Stühle oder Tische, bei „Sturm" kriechen sie unter die Bänke und Tische, bei „Sonne" legen sie sich auf den Boden, genießen die warmen Sonnenstrahlen und ruhen sich aus.

Zunächst übernimmt die Erzieherin die Rolle der Spielleiterin, dann kann auch ein Kind die schnell wechselnden Begriffe ausrufen.

Ruhephase

Die „Sonnenpausen" sollten etwas seltener als die Bewegungsimpulse genannt werden, sie sollten aber auch länger andauern, damit die Ruhe genossen und wieder neue Kraft geschöpft werden kann.

Variation: Anstelle der akustischen Signale zur Änderung der Bewegungsformen können auch Bildsymbole verwendet werden. Ein rotes Blatt Papier ist das Zeichen für Feuer, ein blaues steht für Wasser, ein graues für den Sturm. Eine auf ein Blatt Papier gemalte Sonnenblume bedeutet, dass nun die Ruhephase beginnt.

Sport und Spiel im Kindergarten

Wellenspringen – Bewegungsphase

Wellenspringen – Ruhephase

Wellenspringen

Bewegungsphase

Alle mitspielenden Kinder stehen um ein großes Schwungtuch herum. Sie fassen es mit beiden Händen, bewegen es auf und ab, sodass große Wellen entstehen.

Die Hälfte der Kinder darf nun durch die Wellen laufen (Schuhe ausziehen). Sie dürfen versuchen, in die Wellen hineinzuspringen, auf einem oder auf zwei Beinen zu hüpfen, über die Wellen hinwegzuspringen.

Der Sturm wird immer größer und auch die Wellen werden höher.

Danach wird gewechselt: Die Gruppe der Kinder, die das Tuch bewegt hat, darf nun in das Tuch hineingehen, die anderen machen jetzt die Wellen.

Ruhephase

Alle Kinder legen sich auf das Schwungtuch und schließen die Augen. Die Erzieherin erzählt, dass der Sturm sich nun gelegt hat und kein Wind mehr weht. Das Wasser ist ganz ruhig und keine einzige Welle ist mehr zu spüren.

Kissenschlacht

Bewegungsphase

Die Kinder stehen sich zu zweit oder in zwei Gruppen gegenüber. Zwischen beiden ist auf dem Boden eine Linie gezeichnet (oder ein Seil liegt auf dem Boden und markiert die Trennungslinie). Jeder Mitspieler hat mehrere Kissen oder Schaumstoffwürfel und bewirft damit sein Gegenüber. Schnell muss immer wieder für Nachschub gesorgt werden. Dabei darf die Mittellinie nicht übertreten werden. Jede Gruppe darf nur von ihrem Bereich aus die anderen bewerfen.

Ruhephase

Alle Mitspieler legen sich auf die Kissen und Schaumstoffwürfel und ruhen sich aus. Die Ruhephase kann durch eine Geschichte begleitet werden:

„Die Kissenwerfer haben den ganzen Tag hart gearbeitet und ihre Stadt vor Eindringlingen bewahrt. Sie sind vom vielen Werfen und Laufen ganz müde, legen sich auf ihre weichen Kissen und schlafen ein. Die Arme tun ihnen vom Werfen weh, die Beine sind ganz erschöpft vom Rennen, sie sind froh, jetzt Pause machen zu dürfen ...."

Tanzende Tücher

Chiffon- oder Seidentücher, Stoffbänder oder leichte Stofftücher lassen sich durch Bewegung zum „Tanzen" bringen. Jedes Kind kann experimentieren, wie es das Tuch in der Luft halten, schwingen, wie es das Tuch werfen oder sich mit ihm bewegen kann.

Die Tücher lassen sich schwingen, werfen, pusten, mit den Händen hochwerfen und mit einem Körperteil wieder fangen. Die Kinder können das Tuch auch auf den Kopf legen, es balancieren oder sich mit dem Tuch hinsetzen.

Tanzende Tücher

Musik kann die Bewegungen unterstützen: Mit den Tüchern kann man wilde, aber auch langsame, ruhige Tänze veranstalten. Für die musikalische Begleitung kann sowohl klassische Musik als auch Popmusik und es können ebenso Kinderlieder eingesetzt werden.

Spielthemen

Schmetterlinge

Jedes Kind erhält zwei Chiffontücher, es stellt sich vor, die Tücher seien die Flügel von Schmetterlingen. Schmetterlinge fliegen im Raum, lassen ihre Flügel flattern, wenn sie müde sind, setzen sie sich auf eine Blume (am Boden liegen Teppichfliesen) und ruhen sich aus.

Bewegte Tücher

Jedes Kind hat ein buntes Chiffontuch, das es in der Luft schwingen, hochpusten, in die Luft werfen kann. Rhythmische Musik, Trommelbegleitung kann die Bewegung der Kinder unterstützen. Wird die Musik ausgestellt oder die Trommel hört auf zu schlagen, legen sich alle Kinder auf den Boden, decken sich mit dem Chiffontuch zu und machen eine kleine Ruhepause.

Setzt die Musik wieder ein, kommen auch die Chiffontücher wieder in Aktion.

Bewegte Tücher

Schneeflockentanz

Bewegungsspiel

Die Kinder spielen Schneeflocken, die durch die Luft wirbeln, schweben und sich drehen.

Ruhephase

Die Schneeflocken fallen sanft auf die Erde und bleiben liegen.

Bewegungsphase

Dann kommt ein Windstoß, der die Flocken wieder aufwirbelt, sie fliegen durcheinander, drehen sich und hüpfen durcheinander.

Ruhephase

Der Wind wird ruhiger, jetzt steht er ganz still. Die Schneeflocken sinken wieder zu Boden.

Damit die Bewegungs- und Ruhephasen besser erkennbar sind, kann ein Kind den Wind spielen (oder anfangs noch die Erzieherin). Es hat zwei Chiffontücher in den Händen, die es schwingt und in der Luft wirbeln lässt. Langsam werden die Bewegungen der Tücher schwächer und hören dann ganz auf. Entsprechend sollen sich auch die Bewegungen der Schneeflocken verlangsamen. Und wenn die Tücher nach unten hängen, sinken auch die Flocken auf den Boden.

Variation: Die Erzieherin kann auch durch eine einfache rhythmische Begleitung (auf der Trommel oder einem Tamburin) die Ruhe- und Bewegungsphasen für die Schneeflocken ankündigen.

3.10 Spiele im Wasser

Planschen und spritzen,

gleiten und treiben,

springen und fallen

toben und tauchen.

Anregungen zur Praxis

Bewegung im Wasser vermittelt Kindern ganz besondere sinnliche und körperliche Erfahrungen: Die Haut empfängt aufgrund der Temperatur des Wassers intensive Kälte- und Wärmereize, die Lage des Körpers im Wasser führt zur Sensibilisierung des Gleichgewichtssystems, der Wasserwiderstand bei allen Bewegungen regt das Wachstum der Muskulatur an. Regelmäßiger Aufenthalt im Wasser trägt auch zur Abhärtung des Kindes und zur Widerstandsfähigkeit gegen Infektionskrankheiten bei.

Wenn im Kindergarten die Gelegenheit besteht, ein Schwimmbad aufzusuchen oder das Lehrschwimmbecken einer nahegelegenen Schule zu benutzen, sollte diese Chance auf alle Fälle wahrgenommen werden. Ziel des regelmäßigen Badens und Spielens im Wasser ist dabei nicht allein, das Schwimmen lernen, sondern vor allem das Vertrautwerden mit dem ungewohnten Medium. Im Vordergrund steht hier der Gewinn neuer, vielfältiger Erfahrungen, die sowohl den eigenen Körper als auch die materiale Umwelt einschließen.

Vertrautheit mit dem Wasser ist Voraussetzung für das Schwimmenlernen. Die folgenden Spielvorschläge dienen in erster Linie der Gewöhnung an das Wasser und beinhalten vor allem lustige, erlebnisreiche Spielideen. Diese tragen auch dazu bei, dass die Kinder Erfahrungen mit den wesentlichen Eigenschaften des Wassers, wie z. B. dem Widerstand, der Auftriebskraft und dem Wasserdruck, machen. Zunächst sollten die Kinder Sicherheit im Wasser erlangen, das Beherrschen einer Schwimmtechnik wird danach nur noch wenig Zeit in Anspruch nehmen.

Beim Besuch eines Schwimmbades sollten immer zwei Erzieherinnen die Gruppe begleiten. Dies ist sowohl aus Sicherheitsgründen als auch aus organisatorischen Gründen sinnvoll.

Mindestens eine Erzieherin sollte auch mit den Kindern ins Wasser gehen, sodass sie sich unmittelbar an den Spielformen beteiligen und darüber hinaus aber auch Hilfe und Unterstützung geben kann, sofern dies nötig ist.

Für die ersten Begegnungen mit dem Wasser ist ein Plansch- oder Lehrschwimmbecken mit einer Tiefe von 40-60 cm geeignet; höhenverstellbare Becken ermöglichen die individuelle Anpassung der Wassertiefe an die jeweilige Aufgabenstellung und die Voraussetzungen der Kinder.

Je nach Wassertemperatur sollte der Aufenthalt im Wasser zunächst eine halbe Stunde nicht übersteigen. Um dem Kälteeinfluss entgegenzuwirken, ist ein laufendes Sichbewegen im Wasser hilfreich.

Die Verwendung von Auftriebshilfen (Schwimmflügel, Schwimmgürtel) ist bei der angegebenen Wassertiefe nicht erforderlich, sie würden die Erfahrungen der spezifischen Eigenschaften des Wassers zudem negativ beeinflussen.

Bewegungsspiele im Wasser

Spritzschlacht
Die Kinder setzen sich auf den Beckenrand oder auf eine Treppenstufe und planschen mit den Beinen im Wasser. Die Beine werden dabei so kräftig auf- und abbewegt, dass das Wasser spritzt.

Wasserschlange
Im Wasser fassen alle sich an den Händen, sodass eine lange Schlange entsteht. Die Schlange geht nun durch das Wasser und macht dabei viele Kurven, Kreise und „Schlangenlinien".
   Ab und zu taucht sie auch so tief unter, dass nur noch die Köpfe der Kinder zu sehen sind.

Wassertiere
Die Kinder verwandeln sich in Tiere, die im oder am Wasser leben: Ein Frosch hüpft z. B. durch das Schwimmbecken und quakt dabei laut, ein Fisch zappelt im Wasser, ein Storch stolziert mit langen Beinen am Wasserrand entlang.

Waschanlage
Die Kinder stehen sich in zwei Reihen gegenüber, sodass zwischen ihnen eine Gasse entsteht. Die Kinder stellen eine Autowaschanlage dar. Die Kinder spielen Autos, jeweils ein „Auto" darf durch die Waschanlage fahren und wird von den anderen bespritzt und mit einem weichen Schwamm abgewaschen.

Waschen ohne Hände
Im Wasser kann man sich auch waschen, ohne die Hände zu benutzen. Bei manchen Kindern taucht nur die Nase ins Wasser, andere schütteln das ganze Gesicht über die Wasseroberfläche.
   Die Kinder fassen sich an den Händen und bilden einen großen Kreis. Sie sollen versuchen, sich das Gesicht zu „waschen", ohne die Hände des Nachbarn loszulassen.

Badetag
Die Kinder stehen im Kreis und haben die Hände gefasst. Sie rufen die Tage der Woche: „Montag, Dienstag, Mittwoch" usw. und springen bei jedem Wochentag auf und ab; am Samstag ist Badetag, dann tauchen sie unter Wasser.

Fangspiel
Die Erzieherin fängt die Kinder. Wer das Gesicht aufs Wasser legt oder ganz untertaucht, darf nicht abgeschlagen werden.

Tunneltauchen
Eine Zauberschnur wird quer durch das Becken gespannt. Die Kinder versuchen, unter der Schnur durchzugehen. Die Schnur wird immer tiefer gehalten, bis sie auf der Wasseroberfläche aufliegt.

Kanaltauchen
Ein Reifen wird aufrecht ins Wasser gestellt. Die Kinder versuchen, durch den Reifen hindurchzugehen.
Wenn zwei Reifen mit etwas Abstand ins Wasser gestellt werden, entsteht ein kleiner Kanal, durch den man hindurchtauchen kann.

Delfinspringen
Die Kinder spielen einen Delfin, der durch einen waagerecht über die Wasseroberfläche gehaltenen Reifen taucht. Der Delfin springt in den Reifen hinein und taucht außerhalb des Reifens wieder auf.

Sonnenrad
Die Kinder stehen im Kreis und haben die Hände gefasst. Jeder Zweite darf sich auf den Rücken legen, die Beine zeigen in die Kreismitte. So entsteht eine große Sonne oder ein Rad. Das Rad kann auch in Bewegung versetzt werden, wenn alle stehenden Kinder im Kreis gehen. Danach wird gewechselt.

Abschleppen
Zwei Kinder halten einen Stab zwischen sich. Ein drittes Kind hängt sich mit den Händen an den Stab und wird nun durch das Wasser gezogen. Die Arme sollen dabei möglichst ausgestreckt werden.

Einen Schatz versenken
Ein dicker Luftballon oder ein Wasserball stellen einen kostbaren Schatz dar, der unter Wasser versteckt werden soll. Gelingt es, den Ball unter Wasser zu bringen?

Tischtennisballpusten
Ein Tischtennisball wird über die Wasseroberfläche gepustet. Der Ball kann auch in einen Plastikreifen gelegt werden. Mehrere Kinder stehen um den Reifen herum und versuchen, den Ball wegzupusten, sodass er den Rand möglichst nicht an der Stelle berührt, an der sie stehen.

Schätze sammeln

Viele gut sichtbare Gegenstände (Gummiringe, sinkendes Spielzeug) werden ins Wasser geworfen. Die Kinder spielen, dass es Teile eines kostbaren Schatzes sind, die vom Meeresgrund geborgen werden sollen. Sie können die Schätze entweder mit den Füßen hervorholen oder versuchen, sie mit den Händen zu erreichen. Die Gegenstände werden in einen am Beckenrand stehenden Eimer gebracht.

Fischer, wie tief ist das Wasser?

Ein Kind steht an der einen Seite des Beckens, es spielt den „Fischer", der die anderen fangen soll. Alle anderen Kinder befinden sich auf der gegenüberliegenden Seite. Sie rufen:

„Fischer, Fischer, wie tief ist das Wasser?

Der Fischer antwortet: „10 m tief" (oder andere beliebige Tiefe).

Gruppe: „Wie kommen wir hinüber?"

Fischer: „Auf einem Bein hüpfen" (oder andere Fortbewegungsformen).

Die Kinder versuchen, in der vorgegebenen Bewegungsform auf die gegenüberliegende Seite des Beckens zu gelangen. Wer vom Fischer abgeschlagen wird, muss ihm beim nächsten Spieldurchgang beim Fangen helfen.

Zur Planung und praktischen Gestaltung

4 Zur Planung und praktischen Gestaltung von Bewegungsangeboten

4.1 Offene Bewegungsangebote und geplante Übungsstunden

Im Kindergarten sollte es an jedem Tag möglichst viele freie Bewegungsmöglichkeiten geben, die die Kinder entsprechend ihren individuellen Bedürfnissen nutzen und die auch inhaltlich von ihnen selbst bestimmt werden.

Sowohl im Gruppenraum als auch in den Frei- und Verkehrsflächen des Kindergartens und insbesondere auf dem Außenspielgelände gibt es die Möglichkeit, Bewegungsspiele zu organisieren oder durch Geräte und Material Bewegungsgelegenheiten bereitzustellen.

Solche offenen Bewegungsmöglichkeiten sind mehr vom Gerätearrangement und den organisatorischen Rahmenbedingungen her bestimmt, als dass sie in ihrem Verlauf und ihren Themen und Inhalten von der Erzieherin vorgegeben und geplant werden.

Da die freien Bewegungsgelegenheiten meist sehr zufallsabhängig sind, besteht – ohne dass dies beabsichtigt ist – allerdings leicht die Gefahr, dass sie bei organisatorischen Engpässen wegfallen oder dass sie nur die Kinder erreichen, die sich in Bewegungssituationen sicher fühlen und sich bereits viel zutrauen. Daher ist es sinnvoll und wichtig, neben den alltäglichen situativen Bewegungsmöglichkeiten, mindestens 1-2 x wöchentlich eine regelmäßige Bewegungszeit für jede Gruppe anzubieten.

Hier sollte die Erzieherin zwar ebenso auf die Bedürfnisse und Interessen der Kinder eingehen, diese Bewegungszeiten sind jedoch stärker geplant und vorbereitet und enthalten auch Phasen und Abschnitte, in denen ein stärker gelenktes Vorgehen angebracht ist.

Solche regelmäßigen Bewegungszeiten werden im Kindergarten meistens als „Turnstunde" bezeichnet. Sie dauern in der Regel ca. 30-40 Minuten und werden – je nach personellen und räumlichen Voraussetzungen – mit der gesamten Gruppe oder jeweils mit der Hälfte der Gruppe durchgeführt.

Im folgenden Abschnitt sollen einige grundsätzliche Überlegungen zur Planung und Gestaltung der Praxis der Bewegungserziehung getroffen und anhand von Beispielen die konkrete Vorgehensweise bei einer solchen „Bewegungsstunde" verdeutlicht werden.

4.2 Planung und Offenheit – ein Gegensatz?

Erster Ansatzpunkt für die Planung von Bewegungsangeboten sollte die Überlegung sein, welche Wünsche die Kinder haben, was ihren Bewegungsbedürfnissen entspricht und wie ihre Spiel- und Bewegungserfahrungen erweitert werden können.

Je größer der Spielraum für die Mitgestaltung der Bewegungszeiten durch die Kinder ist, umso schwieriger wird die vorherige Festlegung der Inhalte und methodischen Maßnahmen. Eine starre Planung würde vor allem der bereits im einleitenden Kapitel betonten didaktischen Intention, die Kinder am Prozess der Gestaltung zu beteiligen und für spontane Einfälle und Ideen offen zu sein, zuwiderlaufen. Planung und Situationsoffenheit stehen jedoch nur auf den ersten Blick im Widerspruch zueinander.

Offen für die Bedürfnisse und Interessen der Kinder zu sein, bedeutet nämlich keinesfalls, dass die Erzieherin keine konkreten Vorstellungen vom Verlauf der Bewegungsstunde hat und sich allein von der aktuell angetroffenen Situation inspirieren lässt. Planung ist hier nicht überflüssig, bleibt aber flexibel und offen für die angetroffenen Bedingungen und kann – wenn erforderlich – auch verändert werden.

Zur Planung und praktischen Gestaltung

Die Planung orientiert sich vor allem an den individuellen Voraussetzungen der Kinder, an den aktuellen Ereignissen in der Gruppe, an den spezifischen Bedürfnissen, die die Kinder haben. Bezugspunkte der Planung liegen sowohl in der aktuellen Gruppensituation (z. B. Aufgreifen besonders beliebter Spielideen, aber auch problematischer Verhaltensweisen einzelner Kinder, die u. U. in Bewegungssituationen gut aufgefangen werden können) als auch in dem Ziel, die Erweiterung der Handlungsfähigkeit und des Bewegungsrepertoires der Kinder zu unterstützen.

Schwerpunkte der Bewegungsstunde, Geräteauswahl und erste Spielideen sollten von der Erzieherin vorüberlegt und vorbereitet sein. Wenn sie selbst über ausreichend Erfahrungen und auch über ein großes Repertoire an Übungs- und Spielideen verfügt, kann sie die Gelassenheit und Souveränität aufbringen, die Kinder zum Experimentieren, zu Eigeninitiative und Aktivität herauszufordern und trotzdem den Überblick über die Situation zu haben.

Häufig verbindet die Erzieherin die in der Bewegungsstunde angebotenen Bewegungsspiele und -aufgaben mit ganz bestimmten Zielvorstellungen und Absichten. Hierbei ist zu beachten, dass sie Bewegungsangebote planen, sich Gedanken über sinnvolle Materialzusammenstellung und -verwendung machen sollte, ohne jedoch die Aktivitäten der Kinder von Anfang bis Ende vorzustrukturieren. Sie sollte am Erfahrungsprozess der Kinder teilnehmen und daraus schrittweise neue Angebote entwickeln. Das Interesse des Kindes an allem Neuen sollte genutzt und nicht in Vorschriften und Zurechtweisungen erstickt werden.

Offene Bewegungsangebote schaffen einen Rahmen, der Orientierung und Sicherheit gibt, innerhalb dessen die Kinder jedoch frei entscheiden können, wie Bewegungsideen weiter ausgebaut, ob sie abgebrochen oder verändert werden. Innerhalb des von der Erzieherin geplanten Themas, das z. B. durch ein bestimmtes Gerät oder eine Bewegungssituation vorgegeben sein kann, sollte ein ausreichend großer Spielraum für die individuelle Ausgestaltung durch die Kinder vorhanden sein. Freies Bewegen und angeleitetes Üben wechseln sich dabei ab; der Schwerpunkt liegt hier – wie im Kindergarten insgesamt – auf dem Spiel.

Die zeitliche Gliederung angeleiteter Bewegungserziehung sollte einen Wechsel von Phasen des freien Ausprobierens und Spielens mit Phasen angeleiteten Übens und der Auseinandersetzung mit Bewegungsaufgaben vorsehen. So kann am ehesten das Spielbedürfnis der Kinder berücksichtigt werden, gleichzeitig aber auch auf die Erweiterung ihres Bewegungsrepertoires und auf der Verbesserung ihrer Bewegungsfähigkeiten Einfluss genommen werden (vgl. Zimmer, 2011a).

Um der noch geringen Konzentrationsfähigkeit der Kinder und ihrem Bedürfnis nach Abwechslung gerecht zu werden, sollten in den zeitlich festgelegten Bewegungsangeboten unterschiedliche Schwerpunkte gesetzt und abwechslungsreiche, auffordernde Geräte und Materialien verwendet werden. Den Einstieg in die Bewegungsstunde werden meist lebhafte Lauf- und Bewegungsspiele bilden, die dem Bewegungsdrang der Kinder entgegenkommen. Sofern hierbei bereits Geräte eingesetzt werden, wird zunächst das freie Spielen und Ausprobieren im Vordergrund stehen.

Spielformen und Spielideen sollten auch deswegen im Vordergrund stehen, weil sie die kindgemäße Art, eine Aufgabe zu bewältigen oder sich mit einer Situation auseinanderzusetzen, darstellen.

4.3 Aufbau und zeitliche Struktur

Bewegungseinheiten sollten immer mit einem bewegungsintensiven Einstieg beginnen. Dabei sollte jedes Kind die Möglichkeit haben, sein eigenes Tempo zu bestimmen. Die Regeln bei einem solchen Einstieg sollten möglichst einfach sein, am günstigsten ist es, wenn Materialien zur Verfügung gestellt werden, die die individuelle Auseinandersetzung des Kindes mit einem Gerät ermöglichen. So kann jedes Kind seinen individuellen Einstieg finden.

Einige Kinder – vor allem jüngere – benötigen erst einmal etwas Zeit, um sich in die Situation einzugewöhnen, andere haben ein sehr großes Bewegungsbedürfnis und haben die Bewegungsstunde im Bewegungsraum schon lange herbeigesehnt. Beiden Bedürfnissen gerecht zu werden, ist nur möglich, wenn zunächst ein offener Einstieg über das zur Verfügung gestellte Material oder über eine Spielidee mit offenen Aufgabenstellungen gewählt wird.

Im Hauptteil der Stunde kann dann ein Thema stehen, das z. B. über ein bestimmtes Gerätearrangement eine besondere Herausforderung für die Kinder darstellt: Es sollte, wenn möglich, von den Kindern mit einem bestimmten Thema verbunden sein: Wir bauen einen Spielplatz (mit Rutsche, Balancierbrettern, Trampolin, Drehkarussels). Dieser Teil ist natürlich abhängig von den Materialien und Geräten, die im Kindergarten zur Verfügung stehen.

Auch hier können Alltagsmaterialien eingesetzt werden: die Zeitung – welche Spiele kann man mit ihr erfinden – vom Pfützenspringen bis zum Zeitungsballwerfen. Wichtig sind insgesamt Wechsel von Phasen des freien Ausprobierens und Spielens mit Phasen angeleiteten Übens und der Auseinandersetzung mit konkreten Bewegungsanforderungen.

Den Abschluss der Bewegungsstunde kann eine kurze Ruhe- und Entspannungsphase bilden oder auch ein von den Kindern geliebtes Abschlussspiel – als Ritual.

In den folgenden „Stundenbeispielen" sollen diese Überlegungen näher beschrieben und mit praktischen Beispielen versehen werden.

Das Schema

- Bewegungsintensiver Einstieg mit individuellen Spielmöglichkeiten der Kinder.

- Regelspiel – mit Ansprache an alle, Spielregeln sollte flexibel sein, aber doch den Kindern die Einsicht in die Notwendigkeit von Absprachen bei einem Spiel geben.

- Spielthemen – mit Materialien und Geräten, die im Vordergrund stehen, Gleichgewichtsparcours, Zeitungsspiele, Bau eines Spielplatzes, Zirkusstationen.

- Abschluss: Entspannungsphase oder Spielritual.

Zur Planung und praktischen Gestaltung

Dieses Schema, diese Struktur ist nicht bindend und kann je nach situativen Voraussetzungen auch verkürzt werden. Wichtig ist aber ein Wechsel zwischen offenen Bewegungsphasen, in denen die Kinder selbst mit Bewegungsideen experimentieren und eigene Ideen erproben können und angeleiteten Anteilen, bei denen die Kinder auch eine Erweiterung ihrer eigenen Einfälle durch Impulse vonseiten der Erzieherin erfahren.

Sport und Spiel im Kindergarten

4.4 Beispiele für die Gestaltung von Bewegungsstunden

Die folgenden Beispiele verdeutlichen den Aufbau und die Struktur von Bewegungsstunden. Phasen des freien Erprobens und des Aufgreifens von Impulsen durch die Erzieherin oder durch andere Kinder wechseln sich ab.

Zeitungsball

1. Beispiel | Roll- und Fahrgeräte

Material

- Zeitungen, Rollbretter, kleine Kästen und ein Kastenoberteil, Matten, größere Pappkartons, Schaumstoffteile, Pappscheiben (Bierdeckel).

Ziele dieser Bewegungseinheit

- Raumorientierung und Raumwahrnehmung unterstützen.
- Taktile, kinästhetische und visuelle Wahrnehmungsfähigkeit fördern.
- Fantasie entwickeln.
- Grundbewegungsformen trainieren.
- Gerätekombinationen herstellen.
- Absprachen mit anderen treffen.
- Spielrollen einnehmen und wechseln.

Inhalte/Bewegungsaufgaben	Didaktisch-methodische Hinweise
Bewegungsintensiver Einstieg: (ca. 10 min)	
Freies Spiel mit den Zeitungen. Jedes Kind erhält ein Zeitungsblatt.	Die Zeitung ist den Kindern zwar als Alltagsmaterial, aber nicht als Spielmaterial bekannt, sie benötigen zunächst Anregungen, um ihre Verwendungsmöglichkeiten im Spiel herauszufinden.
Impuls durch die Erzieherin:	
Probiert aus, wie ihr die Zeitung im Laufen flattern lassen könnt. Die Erzieherin greift einzelne Ideen der Kinder auf, gibt sie an die Gruppe weiter, ergänzt diese aber auch durch weitere Anregungen:	Die Erzieherin gibt Impulse für ihre Verwendung als Spiel- und Bewegungsgerät; Ideen, die die Kinder haben, werden von ihr aufgegriffen und verstärkt und an die Gruppe weitergegeben.

Zur Planung und praktischen Gestaltung

- Die Zeitung an einer Ecke fassen und damit durch den Raum laufen, so schnell laufen, dass die Zeitung flattert.
- Wie muss die Zeitung gegriffen werden, damit sie nicht gleich reißt?
- Die Zeitung mit beiden Händen an zwei Ecken fassen und sie beim Laufen wie ein Dach über dem Kopf flattern lassen. Je schneller man läuft, umso waagerechter fliegt die Zeitung über dem Kopf.
- Die Zeitungsblätter auf dem Boden ausbreiten – die Kinder merken sich, wo ihr Blatt liegt (oder auch, an was sie ihr Blatt wiedererkennen können).
- Die Zeitungsblätter stellen Pfützen dar, um die die Kinder herumlaufen.
- Beim Laufen auch über einige der „Pfützen" springen.
- Beim eigenen Zeitungsblatt stehen bleiben und hier verschiedene Sprünge ausprobieren: über die schmale und über die breite Seite springen.
- Welche Formen des Springens gibt es (einbeinig, beidbeinig, mit Anlauf oder aus dem Stand springen etc.)?

Die Zeitung zu einem Ball zusammenknüllen.

- Die Bälle hochwerfen und sie wiederaufzufangen versuchen.
- Sich gegenseitig die Bälle zuwerfen.
- Sich mit den Zeitungsbällen abtreffen.
- Zielwerfen mit dem Zeitungsball: Auf ein Ziel (Reifen, der von der Erzieherin hochgehalten wird) werfen.

Zum Schluss: Ein großer Pappkarton steht in der Mitte des Raums, die Kinder sollen ihre Bälle in den Pappkarton werfen.

Die Aufgaben machen mit den besonderen Eigenschaften der Zeitung vertraut, das Material ist leicht, muss aber feinfühlig gehandhabt werden, damit es nicht zerstört wird. Andererseits ist es aber auch schnell zu ersetzen, wenn die Kinder unsachgemäß damit umgegangen sind.

Die Bewegungsaufgaben unterstützen die Raumorientierung der Kinder, ebenso ihre visuelle Merkfähigkeit.

Bewegungssteuerung wird geübt, ebenso der Richtungswechsel, Ausweichen vor den Mitspielern ist notwendig, um Zusammenstöße zu vermeiden.

Beim Springen können die Kinder sich selbst Grenzen setzen: Wie häufig sie springen und wie sie das Springen ausführen, ist ihnen freigestellt.

Hier ist auch eine Förderung der sprachlichen Kompetenzen einbezogen: Der Wortschatz wird erweitert: Begriffe wie schmal, breit, lang, kurz werden unterschieden.

Bewegungsgrundformen des Springens werden geübt und variiert.

Der Zeitungsball ist handlich und kann in verschiedenen Größen selbst hergestellt werden. Er eignet sich für Zielwurfspiele ebenso für das Werfen und Fangen. Selbst ängstliche Kinder haben vor dem Ball keine Angst, er ist kaum spürbar, wenn man davon getroffen wird.

Ziele: Verbesserung der Auge-Hand-Koordination, der Bewegungssteuerung, der Zielgenauigkeit, der Wurfkraft.

Inhalte/Bewegungsaufgaben	Didaktisch-methodische Hinweise
Hauptteil: Rollbretter und Rollbrettkombinationen (20-30 min)	
Rollbretter werden in ausreichender Anzahl bereitgestellt. Besprechen der Regeln. Die Kinder dürfen sie zunächst im freien Spiel erproben, - sie fahren mit den Rollbrettern, - auf dem Bauch liegend, sich mit den Händen vom Boden abdrücken, - im Sitzen, dabei die Füße zum Steuern und zur Beschleunigung einsetzen, - sich auf das Rollbrett knien und die Hände zum Abstützen und Abdrücken vom Boden einsetzen, - um Hindernisse herumfahren (Schaumstoffteile, Pylone), vor den Hindernissen bremsen, - durch einen Tunnel fahren (Matte, die über zwei Kästen gelegt wird), - rückwärts auf dem Rollbrett fahren. Jedes Kind sucht sich aus, welches Fahrzeug es sein will (schnelle Sportwagen, schwere Lastwagen, die etwas transportieren können, Polizeiwagen, Abschleppwagen).	Sich auf rollenden Gegenständen bewegen und die eigene Geschwindigkeit steuern können, ist für Kinder sehr reizvoll. Rollbretter haben deswegen in der Bewegungserziehung einen besonderen Stellenwert. Beim ersten Erproben der Rollbretter (wenn möglich, sollte für jedes Kind ein Rollbrett zur Verfügung stehen) im Raum sollten zunächst die Regeln für das Fahren besprochen werden: Bremsen- und Steuernkönnen ist das Wichtigste, was man (genau wie beim Autofahren) lernen muss. Das ist auch bei den Rollbrettern wichtig. Deswegen werden im Raum Hindernisse aufgestellt (Pylone, Schaumstoffteile, Kästen), um die die Kinder herumfahren, denen sie ausweichen müssen und vor denen sie bremsen müssen.
Impuls vonseiten der Erzieherin: Wie kann man aus den Rollbrettern und den bereitstehenden Kartons Fahrgeräte bauen? Die Kinder probieren aus, wie sie Rollbretter und Kartons miteinander verbinden können: - Einen Karton mit der Öffnung nach oben auf ein Rollbrett legen, sich hineinsetzen und sich mit den Händen vom Boden wegdrücken, - den Karton mit einem Seil am Rollbrett befestigen, ihn so als Anhänger hinter sich herziehen,	Die Kinder entwickeln eigene Ideen, sie deuten ihre Kombinationen, geben ihnen Namen: ein Boot, ein Lastwagen, ein Taxi, ein Zug. Rollenspiele entstehen, bei denen die Kinder gemäß ihren Spieldeutungen auch bestimmte Spielrollen einnehmen: Sie fahren andere oder lassen sich fahren, sie steuern ihre Bewegung des Fahrgeräts und genießen das Gefahrenwerden. Absprachen müssen getroffen und Regeln eingehalten werden. Kreativität in der Verwendung der Materialien führt zu neuen Spielideen.

Zur Planung und praktischen Gestaltung

Bremsen

- der Karton wird auf ein Rollbrett gelegt und stellt ein Boot dar. Stäbe dienen als Ruder, die auch beim Vorwärtskommen helfen können,

- zwei Kinder bauen ein „Taxi", einer sitzt im Karton auf dem Rollbrett und wird vom Partner durch den Raum geschoben oder gezogen,

- der Fahrgast im Taxi darf die Richtung angeben, er zeigt mit dem Arm in die Richtung, in die er gefahren werden will.

Die Fahrgeräte werden in die Garage oder auf einen Parkplatz (Geräteraum) geschoben und „ordnungsgemäß" geparkt.

Raumorientierung und Wahrnehmungsfähigkeit werden geübt.

Rituale des Aufräumens entwickeln.
Das Wegräumen der benutzten Materialien und Geräte ist keine ungeliebte Pflicht, sondern Bestandteil des Spiels.

Inhalte/Bewegungsaufgaben	Didaktisch-methodische Hinweise
Abschluss: Entspannung (ca. 5 min)	
Die Erzieherin leitet den Abschluss – einen Entspannungsteil – ein: „Die Autofahrer sind alle sehr müde, sie haben ihre Autos zum Ausruhen in der Garage geparkt und wollen jetzt auch selbst eine Ruhepause einlegen." Die Kinder legen sich auf ein auf dem Boden ausgebreitetes Schwungtuch. Die Erzieherin hält Pappscheiben (Bierdeckel) zum Bedecken der Kinder bereit. „Die Autofahrer haben sich zum Ausruhen auf eine Wiese gelegt, sie schließen die Augen und hören die Geräusche um sie herum, das Vogelgezwitscher und das Rauschen der Bäume. Sie spüren, dass sich eine Decke über sie legt, damit ihnen nicht kalt wird. Die Decke ist ganz leicht, man spürt sie nur an einigen Stellen des Körpers. Aber sie hält warm. Ganz warm. So können die Autofahrer ein kleines, erholsames Schläfchen machen ...." Beim Erzählen der Geschichte legt die Erzieherin den Kindern im Wechsel die Pappscheiben auf den Rücken, drückt sie leicht an. Ggf. können ihr ein oder zwei Kinder dabei helfen. Aber nun ist es Zeit zum Aufstehen, die Autofahrer schütteln die Decken von sich, recken und strecken sich und sind wieder ganz frisch	Der Entspannungsabschnitt am Ende einer bewegungsintensiven Stunde soll die Kinder wieder zur Ruhe kommen lassen. Die Fantasiegeschichte knüpft an das Thema des vorgehenden Spiels an. Die Geschichte ist kurz, um die Kinder, die bei Ruhespielen Schwierigkeiten haben, nicht zu überfordern. Die Einbeziehung des Materials – leichter Pappscheiben – unterstützt die Körperwahrnehmung der Kinder. Sie konzentrieren sich auf die taktile und kinästhetische Wahrnehmung und spüren den leichten Druck der Pappscheiben. Das aktive Abschütteln der Pappscheiben zeigt den Abschluss der Ruhephase an, die Kinder spüren den Wechsel, spüren, wie sie durch die eigene Körperbewegung das Material abwerfen können.

Zur Planung und praktischen Gestaltung

105

Sport und Spiel im Kindergarten

2. Beispiel | Spiele mit dem Gleichgewicht

Die folgende Bewegungsstunde steht unter dem Thema „Förderung der Gleichgewichtsfähigkeit". Das Thema wird mit unterschiedlichen Geräten und Materialien und in Form verschiedener Spielideen immer wieder aufgegriffen.

Material

- Bunte Sandsäckchen (entsprechend der Anzahl der Kinder). Die Sandsäckchen können entweder selbst hergestellt werden (ca. 0,5 kg Sand, Reis oder kleine Kieselsteine in einen 20 x 15 cm großen Stoffsack füllen) oder sind in verschiedenen Farben im Spiel- und Sportgerätehandel erhältlich.
- Verschiedene Geräte, die zum Bauen geeignet sind: Bänke, kleine Kästen, Getränkekisten, Bretter, Matten, Schaumstoffwürfel u. Ä.

Zur Planung und praktischen Gestaltung

Ziele dieser Bewegungseinheit

- Köperwahrnehmung fördern.
- Gerätekombinationen entwickeln.
- Raum gestalten.
- Absprachen treffen.
- Regeln aufstellen.
- Regeln verstehen.
- Materialeigenschaften erkennen.

Inhalte/Bewegungsaufgaben	Didaktisch-methodische Hinweise
1. Freies Spiel mit dem Sandsäckchen (ca. 10 min) Jedes Kind erhält ein Säckchen und probiert aus, was es damit machen kann. Die Erzieherin geht auf einzelne Spielideen der Kinder ein, gibt Impulse, indem sie die Vorschläge an die gesamte Gruppe weitergibt und z. B. dazu auffordert, das Sandsäckchen - auf einzelnen Körperteilen zu balancieren (Wie und wo lässt es sich tragen, ohne dass man es festhalten muss?), - hochzuwerfen (und vielleicht versuchen, es auch wieder aufzufangen), - auf einem Fuß zu tragen und dabei durch den Raum zu hüpfen, - mit dem Fuß hochzuwerfen (und mit den Händen wieder aufzufangen), - auf den Kopf zu legen und damit durch den Raum zu spazieren; sich mit dem Sandsäckchen auf dem Kopf hinzusetzen und sogar wieder aufzustehen,	Das freie Spielen soll den Kindern das Kennenlernen des Materials und die individuelle Auseinandersetzung mit dem Bewegungsgerät ermöglichen. Die Erzieherin hat ebenfalls ein Sandsäckchen und beteiligt sich am Spiel. So kann sie – ohne zu dominant und steuernd zu wirken – Ideen und Einfälle der Kinder verstärken, indem sie sie selbst ausprobiert oder andere auf die gefundenen Möglichkeiten aufmerksam macht. Die Impulse sind nicht als Aufforderung zum Nachahmen formuliert, sondern als Aufforderung zum Ausprobieren. Die gefundenen Spiel- und Bewegungsmöglichkeiten sind weniger Übungen, die der Reihe nach absolviert werden sollen, sondern Kunststücke, bei denen man das Gelingen nie ganz voraussehen kann. Beim Balancieren der Sandsäckchen machen die Kinder erste Erfahrungen mit dem Gleichgewicht. „Objekte auf dem Körper balancieren" und „sich selbst auf Objekten im Gleichgewicht halten"

Inhalte/Bewegungsaufgaben	Didaktisch-methodische Hinweise
<ul><li>auf den Boden zu legen und sich darauf zu stellen (Kann man auch auf nur einem Bein darauf balancieren?).</li></ul>Das Sandsäckchen wird zu einem schweren und großen Sack, der nur noch auf dem Rücken durch den Raum geschleppt werden kann. **2. Baustelle (20-30 min)** Die Erzieherin bespricht mit den Kindern, wo sie schon einmal schwere Säcke gesehen haben, was in den Säcken war, wie sie transportiert werden usw. Beispiel: Säcke mit Zement oder Sand werden auf einer Baustelle verwendet. Wir machen aus dem Bewegungsraum eine Baustelle. Hier gibt es:<ul><li>Brücken, die über einen Graben führen (umgedrehte Bänke oder Bretter, die auf Getränkekisten gelegt werden),</li><li>ein Förderband (Bank, die an einer Sprossenwand eingehängt ist, darauf liegt eine Teppichfliese),</li><li>ein großes Rohr (drei Reifen, in die eine Matte gelegt wird, sodass ein Tunnel entsteht),</li><li>wackelige Bretter (Bretter in verschiedenen Längen und Breiten, die auf einem Stab liegen),</li><li>große Steinpakete (Schaumstoffblöcke oder kleine Kästen usw.).</li></ul>	stellen verschiedene Variationen der Gleichgewichtsspiele dar. Die Spielidee „schwere Sandsäcke transportieren" leitet über in den zweiten Teil der Bewegungsstunde. Das Einbinden des Geräts in komplexere Spielsituationen regt die Fantasie der Kinder an. Sie deuten die Spielsituationen nach ihren Vorstellungen und finden damit auch neue Handlungsmöglichkeiten mit dem Gerät. Die Kinder sollen selbstständig Ideen entwickeln, was auf einer Baustelle zu finden ist und wie die Geräte hierfür aufgebaut werden können. Die Erzieherin hilft dort, wo sich Probleme beim Aufbau und der Kombination der Geräte ergeben und greift dann ein, wenn die Sicherheit gefährdet ist. Sie bringt aber auch eigene Ideen ein, die das Spiel bereichern und neue Verwendungsmöglichkeiten der Geräte eröffnen (z. B. „Rohbau"). Beim Geräteaufbau sollten vor allem Situationen geschaffen werden, die Anforderungen an den Gleichgewichtssinn stellen: schmale bzw. vom Boden erhöhte Geräte oder solche, die eine instabile Auflagefläche haben (Wackelbretter). Beim Ausprobieren der Bewegungsmöglichkeiten an den Geräten kann sich jedes Kind den Schwierigkeitsgrad selbst aussuchen.

Zur Planung und praktischen Gestaltung

Die Bauarbeiter müssen ihre Baustelle zuerst einmal kennenlernen und probieren aus, wie man über die Brücken und Wackelbretter gehen kann, ohne herunterzufallen und wie man durch das Rohr kriechen oder über die Steinpakete hinwegsteigen kann.

„Sandsäcke" werden nun über die Baustelle transportiert. Auf dem Förderband können sich die „Bauarbeiter" selbst transportieren lassen (hinaufziehen oder herunterrutschen). Welche weiteren Materialien eignen sich noch zum Transportieren (Schaumstoffwürfel, dicke Bälle und Luftballons)?

Gibt es außer dem Tragen weitere Transportmöglichkeiten? (Bälle werden über die Bretter und durch das Rohr hindurchgerollt usw.)

Die Baustelle wird abschließend von allen „Bauarbeitern" gemeinsam abgebaut.

„Balancieren mit etwas auf etwas" stellt erhöhte Anforderungen an den Gleichgewichtssinn der Kinder.

Diese Spielidee kann von den Kindern weiterentwickelt werden, indem andere Materialien über die Geräte hinwegtransportiert, getragen oder gerollt werden! (Die Anzahl der Geräte sollte allerdings begrenzt werden, damit sie für die Kinder überschaubar bleibt.)

Der Geräteauf- und -abbau ist wichtiger Bestandteil der Bewegungsstunde und sollte immer gemeinsam mit den Kindern vorgenommen werden.

Durch das Tragen, Schieben und Heben der Geräte werden nicht nur motorische Fähigkeiten angesprochen, sondern auch soziale Anforderungen (gemeinsames Handeln, weniger beliebte Tätigkeiten übernehmen usw.) gestellt.

Die Verbindung ergab sich hier aus der Nähe des im ersten Teil verwendeten Materials (Sandsäckchen) und der anschließenden Spielidee „Baustelle". Diese Kombination stellt eine für die Kinder einsichtige und sinnvolle Einheit dar, ein solches Vorgehen ist jedoch nicht auch für andere Bewegungsstunden zwingend. Ebenso gut können im ersten Stundenteil bewegungsintensive Lauf- und Bewegungsspiele mit der gesamten Gruppe durchgeführt werden, um daran anschließend ein Gerät oder bestimmte Materialien zu erproben.

Abschließende Überlegungen zur Gestaltung von Bewegungsstunden

Es gibt zwar kein situationsunabhängiges Schema für die Planung und Gestaltung von Bewegungsstunden im Kindergarten, wichtig scheint jedoch das Ineinandergreifen von selbständigem, selbstgesteuertem Ausprobieren und Spielen der Kinder und behutsamen, einfühlsamen Lenkungsmaßnahmen durch die Erzieherin.

In jeder Phase der Bewegungsstunde ist es wichtig, dass die Erzieherin die Ideen und Einfälle der Kinder wahrnimmt und auch ernst nimmt. Sie sollte immer versuchen, auf sie einzugehen und sie in ihre eigenen Überlegungen einzubeziehen. Die Kinder sollen spüren, dass es tatsächlich ihre Stunde ist und sie selbst auch Einfluss auf ihren Verlauf nehmen können.

Um eigene Ideen entwickeln zu können, brauchen Kinder allerdings Zeit, d. h., dass die Erzieherin sich darin üben sollte, nicht vorschnell Ratschläge zu erteilen und Hinweise zu geben.

Die Bewegungsstunden müssen grundsätzlich offen sein für situative Ideen und Bedürfnisse der Kinder. Die zuvor beschriebenen Inhalte und Beispiele sollten daher auch nur als Anregung aufgefasst werden, die zwar exemplarischen Charakter haben, in der Realität jedoch immer auf die individuelle Situation der Kinder abgestimmt werden müssen.

Literatur

Theoretische Grundlagen

Beudels, W., Lensing-Conrady, R. & Beins, H.-J. (2007). *... das ist für mich ein Kinderspiel. Handbuch zur psychomotorischen Praxis.* Dortmund: Modernes Lernen.
Hirler, S. (2009). *Wahrnehmungsförderung durch Rhythmik und Musik.* Freiburg: Herder.
Hunger, I. (2000). *Handlungsorientierungen im Alltag der Bewegungserziehung. Eine qualitative Studie.* Schorndorf: Hofmann.
Hunger, I. & Zimmer, R. (Hrsg.). (2007). *Bewegung – Bildung – Gesundheit. Entwicklung fördern von Anfang an.* Schorndorf: Hofmann.
Krombholz, H. (2005). *Bewegungsförderung im Kindergarten. Ein Modellversuch.* Schorndorf: Hofmann.
Zimmer, R. (2011a). *Handbuch der Bewegungserziehung. Grundlagen für Ausbildung und pädagogische Praxis.* Freiburg: Herder.
Zimmer, R. (Hrsg.). (2011b). *Vom Greifen zum Begreifen – Entwicklungsförderung durch Bewegung.* Freiburg: Herder.
Zimmer, R. (2012a). *Handbuch der Sinneswahrnehmung. Grundlagen einer ganzheitlichen Bildung und Erziehung.* Freiburg: Herder.
Zimmer, R. (2012b). *Handbuch der Psychomotorik. Theorie und Praxis der psychomotorischen Förderung von Kindern.* Freiburg: Herder.
Zimmer, R. (2012c). *Handbuch Sprachförderung durch Bewegung.* Freiburg: Herder.
Hunger, I. & Zimmer, R. (2010). *Bildungschancen durch Bewegung – von früher Kindheit an.* Schorndorf: Hofmann.

Anregungen zur Praxis der Bewegungserziehung

Austermann, M. & Wohlleben, G. (2007). *Krabbelfinger werden größer. Spiel und Spaß für Ein- bis Dreijährige.* München: Kösel.
Austermann, M. & Wohlleben, G. (2008). *Zehn kleine Krabbelfinger. Spiel und Spaß mit unseren Kleinsten.* (27 neu gestaltete und überarbeitete Aufl.). München: Kösel.
Beins, H.-J. (2005). *Türme, Brücke, Murmelbahn. Bauen und Konstruieren im Kindergarten.* Freiburg: Herder.
Beins, H.-J. & Cox, S. (2001). *„Die spielen ja nur!?" Psychomotorik in der Kindergartenpraxis.* Dortmund: Modernes Lernen.
Biermann, I. (2011). *Alle Sinne aufgewacht! Wahrnehmungsspiele für Kinder unter 3 Jahren.* Freiburg: Herder.
Breucker, A. (2006). *Schmusekissen – Kissenschlacht.* Münster: Ökotopia.
Ebbert, B. & Weinberg, E. (2011). *Kreisspiele und Spiellieder – Bewegungsspaß für den Kindergarten – Für Kinder von 2-6 Jahren.* München: Don Bosco.
Erkert, A. (2004). *Bewegungsspiele für Kinder. Körpererfahrungen und Bewegungsförderung für jeden Tag.* München: Don Bosco.
Grüger, C. & Horn, R. (2008). *Turnzwerge ganz groß. Bewegungsliederbuch mit Spiel- und Bewegungsliedern für die ganz Kleinen.* Lippstadt: Kontakte.
Grüger, C. & Endres, S. (2011). *Phantasievolle Spiel- und Bewegungsideen – für Kindergarten, Vorschule und Verein – Praxisbücher Sport* (3. Aufl.). Wiebelsheim: Limpert Verlag.
Höfele, H. E. & Steffe, S. (2006). *In 80 Tönen um die Welt. Eine musikalisch-multikulturelle Erlebnisreise für Kinder mit Liedern, Tänzen, Spielen, Basteleien und Geschichten.* Münster: Ökotopia, CD + Buch.

Hering, W. (2002). *Kunterbunte Bewegungshits.* Münster: Ökotopia.

Hering, W. (2009). *Fingerspiele von nah und fern. Spielverse und Bewegungslieder aus 30 Ländern von Hamburg bis Hawaii.* Münster: Ökotopia.

Kempf, H.-D. & Pfänder, B. (2006). *Kindergarten in Bewegung.* Dortmund: Borgmann.

Köckenberger, H. (2004). *Bewegungsspiele mit Alltagsmaterial.* Dortmund: Modernes Lernen.

Köckenberger, H. & Gaiser, G. (2002). *Sei doch endlich still! Entspannungsspiele und -geschichten für Kinder.* Dortmund: Modernes Lernen.

Kosel, A., Wnuck, A. & Breithecker, D. (2005). *Kindergarten in Bewegung: Grundlagen für Gesundheit und Bewegungssicherheit.* Wiesbaden: Bundesarbeitsgemeinschaft für Haltungs- und Bewegungsförderung.

Krahl-Rhinow, A. (2005). *Motorik und Bewegungsförderung – Übungen, Spiele und Bewegungsideen für alle Kinder – Praxis Kindergarten.* Donauwörth: Auer Verlag GmbH.

Miedzinski, K. & Fischer, K. (2006). *Die Neue Bewegungsbaustelle. Lernen mit Kopf, Herz und Fuß. Modell bewegungsorientierter Entwicklungsförderung.* Dortmund: Modernes Lernen.

Quante, S. (2008). *Was Kindern gut tut!* – Dortmund: Modernes Lernen.

Reuter, M. (2009). *Hampelmann, Purzelbaum und Co. – Einfache Bewegungsideen zu Haltung, Motorik und Koordination – Den eigenen Körper wahrnehmen und sich bewegen, Kindergarten/Vorschule.* Donauwörth: Auer Verlag GmbH.

Schaffner, K. (2004). *Der Bewegungskindergarten.* Schorndorf: Hofmann.

Schott, N., Buscher, A. & Karger, C. (2008). *Spielerisch fit – Ein Bewegungsprogramm für Kindergarten und Grundschule.* Schorndorf: Hofmann.

Stein, G. (2007). *Kleinkinderturnen ganz groß: drei- bis siebenjährige Kinder erleben Bewegung und Spiel in Verein, Grundschule und Kindergarten.* Aachen: Meyer & Meyer.

Wilmes-Mielenhausen, B. (2007). *Bewegungsförderung für Kleinkinder. Ideen für Krippe, Kita und Tagesmütter.* Freiburg: Herder.

Zimmer, R. (2006). *Alles über den Bewegungskindergarten.* Freiburg: Herder.

Zimmer, R. (2008b). *Schafft die Stühle ab. Was Kinder durch Bewegung lernen.* Freiburg: Herder.

Zimmer, R. (2009a). *Kreative Bewegungsspiele. Psychomotorische Förderung im Kindergarten.* Freiburg: Herder.

Zimmer, R. (2009b). *Toben macht schlau! Bewegung statt Verkopfung.* Freiburg: Herder.

Zimmer, R. (Hrsg.). (2010). *Bewegung, Körpererfahrung & Gesundheit.* Berlin: Cornelsen Scriptor.

Zimmer, R. (Hrsg.). (2011c). *Psychomotorik für Kinder unter drei Jahren.* Freiburg: Herder.

Zimmer, R. (2012c). *Erleben, bewegen, entspannen. Wie Kinder zur Ruhe finden.* Freiburg: Herder.

Zimmer, R. & Hunger, I. (Hrsg.). (2009). *Wahrnehmen – Bewegen – Lernen – Kindheit in Bewegung.* Schorndorf: Hofmann.

Zimmer, R. & Vahle, F. (2012). *Ping Pong Pinguin – Lieder zur Sprach- und Bewegungsförderung.* Freiburg: Herder.

Bildnachweis

Coverbilder:	© Creatas/Thinkstock, ©iStockphoto/Thinkstock
Covergestaltung:	Sabine Groten
Bilder Innenteil:	Nadine Vieker, Renate Zimmer
Illustrationen:	© iStockphoto/Thinkstock
Satz & Gestaltung:	Andrea Brücher